Ute Izykowski • Welpenjahr

Ute Izykowski

Welpenjahr

**Wahre Geschichten
aus dem Hundealltag**

November 2001

© Ute Izykowski
Alle Rechte vorbehalten.
Weiterverwertung jeglicher Art bedarf der Zustimmung der Autorin.

Gestaltung: Ronald Izykowski

Herstellung: Books on Demand GmbH, Norderstedt

ISBN 3-8311-2950-9

Hallo, mein Name ist Kira, und meine Menschen behaupten, ich sei ein Golden Retriever. Ich bin nun ein gutes Jahr alt, und ich finde, es ist an der Zeit, einmal zu berichten, was sich in meinem bisherigen Hundeleben zugetragen hat.

Ihr ahnt ja gar nicht, was man als Hund so alles erlebt. Schon als Welpe muss man seinen Menschen die wichtigsten Grundregeln des Zusammenlebens nahe bringen. Ich kann euch sagen, das ist harte Arbeit, denn Menschen sind oft schwer von Begriff.

Frauchen hat mir hierbei geholfen und alles aufgeschrieben, was ich ihr erzählt habe. Nun ja, fast alles. So wie ich sie kenne, hat sie die ganz schlimmen Beschwerden über sich und Herrchen wahrscheinlich herausgestrichen.

Ich habe meine Erlebnisse aufgezeichnet, um bei euch Menschen mehr Verständnis für unsere Sorgen und Nöte zu wecken, aber auch, um anderen Hunden wertvolle Tipps im Umgang mit Zweibeinern zu geben.
Viel Spaß beim Lesen!

Kira

1 Aller Anfang ist schwer

An meine ersten Lebenswochen erinnere ich mich nur noch dunkel. Ich kam in einem Stall auf die Welt. Dort wohnten meine Geschwister und ich auch dann noch, als unsere Eltern schon längst wieder in den benachbarten Zwinger umgezogen waren. An die Leute, die uns Welpen versorgten, besinne ich mich kaum, wohl aber daran, dass wir eine sorglose und vergnügliche Zeit im Stall verbrachten. Die glücklichen Tage nahmen ein jähes Ende, als fremde Menschen kamen und uns Welpen einen nach dem anderen fortholten.

Hier beginnt meine eigentliche Geschichte. Ich lernte Herrchen und Frauchen kennen. Die beiden nahmen mich zu sich nach Hause und kümmerten sich fortan um mich. Außerdem bekam ich endlich einen richtigen Namen: Kira.

Als Welpe landet man ja völlig unvorbereitet in einem neuen Rudel, dessen Spielregeln oft gar nicht einfach zu verstehen sind. Ich musste stubenrein werden, verschiedene Grundkommandos begreifen, und den Sinn des Gassigehens verstehen. Ich lernte, dass ich manche Dinge nicht tun darf, andere hingegen tun sollte, und dass nicht alle Menschen freundlich sind. Außerdem fand ich richtige Freunde, mit denen ich täglich toben und spielen durfte.

Herrchen und Frauchen mussten in diesen ersten Wochen begreifen, dass es ganz schön anstrengend ist, wenn ein Welpe ins Haus kommt. Sie lernten, dass ich regelmäßig nach draußen musste, gewisse Ansprüche an die Futterversorgung stellte und viel Beschäftigung brauchte. Sie lernten aber auch, dass ich ein ziemlich eigensinniger Hund bin, dem man nicht so leicht etwas vormachen kann.

Diese ersten Wochen brachten jede Menge Missverständnisse mit sich, aber es war auch die Zeit, in der wir begannen, unsere Hund-Mensch-Beziehung aufzubauen und zu festigen.

1 Jeder Hund kriegt seinen Menschen

Im zarten Alter von sechs Wochen lernte ich meine Menschen kennen. Ich weiß noch genau, wie glücklich sie schauten, als sie mich zum ersten Mal sahen.

"Ach ist die süüüß.....", freute sich die Frau, und der Mann guckte so zufrieden wie mein Papa, wenn er einen besonders großen Knochen bekommen hat. Gut, dachte ich damals, die dürften ganz in Ordnung sein. Ihr Geruch war erträglich, ihre Stimmen nicht zu laut. Noch recht jung, zumindest für Menschen, und die beiden schienen Humor zu haben. Immerhin fanden sie es amüsant, als ich zweimal hintereinander in diese Brennnessel biss, die am Zaun vor dem Zwinger meiner Eltern wuchs. Weil ich wissen wollte, wie meine neuen Menschen reagieren würden, zupfte ich ein drittes Mal an dieser scheußlichen Pflanze. Die beiden lachten.

"Es macht ihr gar nichts aus", meinte die Frau.

"Wahrscheinlich kann sie sich noch nicht merken, dass das Zeug brennt", vermutete der Mann.

Das war ein Test, ihr Schlauköpfe. Ihr seid vielleicht nicht die Klügsten, aber ihr versteht wenigstens Spaß. Das lässt hoffen.

Es war ja höchste Zeit, dass sich irgendein Mensch für mich interessierte. Die Sache verhielt sich nämlich folgendermaßen: Dort, wo meine drei Geschwister und ich bislang gewohnt hatten, durften wir nicht bleiben. Warum wir unbedingt fort sollten, das hat uns niemand erklärt. Es war eben so.

Wir lebten damals in diesem Stall, in dem wir auf die Welt gekommen waren. An die ersten Wochen nach meiner Geburt besinne ich mich allerdings kaum. Von der Zeit, als wir sicher und warm bei unserer Mutter in der Wurfkiste lagen, ist mir nur ein wohliges Gefühl von Geborgenheit im Gedächtnis geblieben.

Meine frühesten Erinnerungen beginnen mit dem schrecklichen Tag, als unsere Mutter uns verließ, und zu unserem Vater zog, der unweit des Stalles in einem Zwinger wohnte. Wir Welpen blieben alleine zurück und fühlten uns anfangs furchtbar einsam. Die seltenen Besuche bei unseren Eltern änderten nichts an der Tatsache, dass wir uns damit abfinden mussten, fortan ohne mütterliche Führung zurechtzukommen. Erst jetzt war mir übrigens bewusst geworden, dass da Menschen waren, die sich um unser Wohlergehen kümmerten. Ich erinnere mich an einen großen Mann mit dunkler Stimme, der uns Futter brachte und hin und wieder nach uns sah. Ich beachtete ihn nicht weiter. Wozu auch? Ich hatte meine Geschwister, mit denen ich von früh bis spät nach Herzenslust spielen und toben konnte. Meine Mutter vermisste ich schon bald nicht mehr. Das Leben war schön und ich war zufrieden mit mir und der Welt.

Ich hätte wissen müssen, dass es nicht für immer und ewig so unbeschwert bleiben sollte. An dem Tag, als zum ersten Mal wildfremde Menschen in unseren Stall kamen, ahnte ich, dass irgendetwas Schlimmes passieren würde.

"Das also sind die Hundchen", sagte unser Futterbringer zu einem Mann, der forschen Schrittes auf uns zukam, um uns dann minutenlang kritisch anzustarren.

"Ich bin noch unentschlossen", meinte er, "ich suche einen Wachhund."

Unser Futterbringer erklärte, dass Golden Retriever wegen ihres freundlichen Wesens nicht als Wachhunde taugen und wahrscheinlich jeden Einbrecher gutgelaunt begrüßen würden. Dem Mann musste das wohl zu denken gegeben haben.

"Dann schaue ich mich lieber woanders um", sagte er noch.

Später rätselten meine Geschwister und ich, was wohl der Sinn dieses Besuches gewesen sein mochte.

"Ich denke, dieser Mann wollte uns mitnehmen", mutmaßte meine Schwester.

"Ich glaube nicht, dass er uns alle mitnehmen wollte", überlegte ich, *"höchstens einen von uns."*

"Ich würde gerne woanders wohnen", erklärte mein älterer Bruder und gähnte, *"irgendwo, wo mehr los ist."*

Der Gedanke, sich von uns anderen trennen zu müssen, schreckte ihn anscheinend wenig. Mir jedoch war gar nicht wohl bei der Vorstellung, dass noch mehr Menschen kommen, uns begutachten, oder sogar mitnehmen würden. Ich zumindest hatte nicht vor, bei irgendwelchen fremden Leuten zu leben, noch dazu ohne meine Geschwister. Ich wollte, dass alles so blieb, wie es war. Ich wollte weiterhin mit den anderen im Stall wohnen und den ganzen Tag spielen.

Als nächstes besuchte uns eine ältere Frau. Die hatte eine so schrille Stimme, dass mir die Ohren wehtaten. Ich mochte sie nicht, das war mir sofort klar.

Schnell steckte ich meinen Kopf unter die Decke, auf der wir immer schliefen. Wenn ich sie nicht sehe, dann sieht sie mich auch nicht. Aber

der Mensch, der uns Futter brachte, hatte mich wohl beobachtet. Er lupfte den Stoffzipfel unter dem ich lag und schob mich zu meinen Geschwistern, die um die Füße der Besucherin herumstrichen. "Lassen Sie nur", meinte diese, "ich habe mich schon entschieden. Ich möchte einen mutigen Hund."
Sie zeigte auf einen meiner Brüder, der gerade damit beschäftigt war, einen Käfer zu fangen.
Glück gehabt, dachte ich bei mir, aber nächstes Mal brauche ich ein besseres Versteck.
Da gab es diese großen Strohballen, aus denen man sich einzelne Halme zum Zerkauen herauszupfen konnte. Man konnte sich aber auch dahinter verkriechen. Genau das tat ich, als wieder Leute kamen, und tatsächlich, ich wurde nicht entdeckt. Ich hatte den perfekten Unterschlupf gefunden!
Der Typ wollte keine Hündin", erklärte meine Schwester altklug, und mein zweiter Bruder grinste überlegen. Ja, auch er hatte einen Menschen bekommen, der ihn in ein paar Wochen abholen würde.
"Wollen wir wetten, dass ich die Nächste bin?", meinte meine Schwester, *"ich bin viel niedlicher als du."*
"Und wenn schon. Ich möchte sowieso hier bleiben."

Für den Rest des Tages schmollte ich. Der Gedanke, dass wir uns bald würden trennen müssen, machte mir Sorgen, und mir missfiel die Einstellung meiner Geschwister, die sich allem Anschein nach wirklich darum rissen, von wildfremden Leuten ausgewählt zu werden. Wozu auch immer.
Meine Schwester behielt Recht, sie war tatsächlich die Nächste. Das Versteck war übrigens doch nicht so gut wie ich gedacht hatte. Unser Futterbringer fand mich sofort, als wieder Besuch kam.
"So, und das ist unsere zweite Hündin", erklärte er einem Menschenpaar mittleren Alters. Der fremde Mann hatte das ganze Gesicht voller Haare und machte einen sympathischen Eindruck. Er beugte sich zu uns herab und schnalzte mit der Zunge.
"Na, ihr Hundchen, welchen von euch beiden sollen wir denn nehmen?"
"Nehmt mich", quiekte meine Schwester und hüpfte auf der Stelle.
"Die kann ja schon richtig bellen", freute sich der Mann mit den Haaren im Gesicht. "Was meinst du denn?", fragte er seine Frau.
"Ich kann mich einfach nicht entscheiden", meinte sie, "die sind beide so niedlich."

Dann kam sie mit großen Schritten auf mich zu. Wie aus heiterem Himmel traf mich eine Wolke unangenehmen Geruchs. Heute weiß ich, dass es Parfum heißt, wonach die Frau stank. Ich weiß auch, dass Menschen gerne so riechen und dass dieses Parfum ziemlich teuer ist. Also, wenn ich besonders gut riechen möchte, dann wälze ich mich einfach in einer toten Maus. Damals wurde mir richtig übel.
Ich habe nie erfahren, ob diese Leute vielleicht ganz nett gewesen wären. Als die Frau nach mir langte, flüchtete ich hinter den nächstbesten Strohballen. So kam es, dass die beiden meine Schwester auswählten.

Langsam dämmerte mir, dass ich ein gewaltiges Problem hatte: Meine Geschwister bildeten sich eine Menge darauf ein, dass sie schon eigene Menschen hatten. Bloß ich, ich hatte niemanden. Sicher, am liebsten wäre ich in unserem Stall geblieben. Aber inzwischen hatte ich die leise Ahnung, dass ich dort sehr bald sehr alleine sein würde. Was sollte dann aus mir werden? Was sollte ich überhaupt auf dieser Welt, wenn niemand mich mochte? Außerdem war die ganze Situation ausgesprochen peinlich. Ich fühlte mich wie der letzte Ladenhüter, der zu nichts weiter nütze war, als Staub anzusetzen. Ich kam zu dem Schluss, dass alles andere besser sein würde, als alleine im Stall zu vergammeln.

Ich war auf das Schlimmste vorbereitet, als es hieß, da wären Leute, die mich sehen wollten. Ich nahm allen Mut zusammen und versteckte mich nicht. Stattdessen setzte ich meinen Süßen-Hundchen-Blick auf und gab mir die allergrößte Mühe, einen guten Eindruck zu hinterlassen. Was hatte ich auch groß zu verlieren?
Es funktionierte! Der Kerl war ganz von den Socken, als er mich sah, und die Frau ließ mich keinen Moment aus den Augen. Ich tat sehr zutraulich und ließ mich streicheln. Ich strich um die Beine der Leute, die ich mir in meiner Not als Adoptivmenschen auserkoren hatte und schleckte dem Mann die Finger, als er sich zu mir herunterhockte. Besonders gefallen hat ihm, als ich ganz arglos an einem seiner Hemdknöpfe knabberte. Verstehe einer die Menschen. Wehe, wenn ich das heute täte. Doch ich hatte gewonnen: Die beiden wollten mich tatsächlich haben! Mich! Gut, es war kein anderer von uns mehr übrig, meine Geschwister standen ja nicht mehr zur Wahl. Aber ich glaube, dass meine zukünftigen Menschen unserem Futterbringer eine ganze Menge Geld zahlen mussten, damit sie mich bekommen konnten. Das hieß wohl, dass ich doch nicht ganz unnütz war. Inzwischen weiß ich nämlich aus dem Fernsehen, dass auch Fußballspieler für viel Geld an

andere Vereine verkauft werden. Wer verkauft wird, ist irgendwie wichtig und etwas ganz Besonderes. Bei uns Hunden ist es ähnlich, denke ich.

Ich war glücklich! Ich würde nun doch nicht jämmerlich im Stall verkommen. Auch ich sollte Menschen ganz für mich alleine haben! Je mehr ich darüber nachdachte, desto sicherer war ich, eine zufrieden-stellende Wahl getroffen zu haben. Die beiden schienen auf den ersten Blick ganz in Ordnung zu sein. In zwei Wochen würden sie mich holen. Meine Geschwister und ich genossen die gemeinsame Zeit, die uns zusammen blieb, denn im Hinterkopf war uns klar, dass wir uns wahrscheinlich niemals wiedersehen würden. Damals rätselte ich, warum unsere neuen Menschen uns so früh aussuchten und erst viel später abholten. Wahrscheinlich wollten sie uns noch Gelegenheit geben, ausgiebig miteinander zu spielen und unsere Eltern zu be-suchen. Die verliert man später ja aus den Augen.

Aber Menschen können ganz schön niederträchtig sein. Eines Tages, wir waren inzwischen stolze acht Wochen alt, gab es morgens nicht wie gewohnt das Frühstück. Unser Futterbringer packte uns stattdessen in dieses große laute Ding mit den Rädern unten dran, – heute weiß ich, dass das ein Auto war und man damit ganz tolle Ausflüge machen kann. Kurze Zeit später wurden wir in ein fremdes Haus getragen. Dort wartete bereits ein Mann auf uns, der einen nach dem anderen auf einen glänzenden Metalltisch setzte. Als ich an der Reihe war, strampelte ich so wild ich konnte. Aber es nützte nichts. Der fremde Mann tastete mich ab, schaute mir in die Ohren und, – passt auf, jetzt kommt das Gemeine, er piekste mich mit einem langen spitzen Gerät. Anschließend durften wir zurück ins Auto und wurden wieder in unseren Stall gebracht.

War mir schlecht in den nächsten Tagen! Wenn ich etwas fraß, dann erbrach ich es sofort oder bekam Durchfall. Also fraß ich fast gar nichts mehr. Meinen Geschwistern ging es ganz genauso. Ich schlief nun beinahe den ganzen Tag und bekam nicht viel von dem mit, was um mich herum geschah. Anstelle des gewohnten Futters gab es leckeres Hühnchen mit Reis.

"Die Hundchen haben das Impfen nicht vertragen", sagte der Mann, der uns versorgte, aber was er damit meinte, weiß ich nicht. Wahrscheinlich hing es mit unserem Ausflug in das Haus mit dem Metalltisch zusammen. Und das gute Futter gab es, weil der Mann ein schlechtes Gewissen hatte. Geschah ihm recht.

Dann kam der Tag, den ich nie vergessen werde. Als ob es nicht gereicht hätte, dass man krank war, nein, es kam noch viel schlimmer.

Meine Schwester wurde von ihren neuen Menschen abgeholt. Kurz danach verschwanden auch meine beiden Brüder auf Nimmerwiedersehen. Ich lag auf meiner Decke, fühlte mich jämmerlich und harrte der Dinge. Irgendwann mussten doch auch meine Menschen kommen. Ich wartete und wartete, aber es geschah nichts. Rein gar nichts. Ich hatte mich wohl in ihnen getäuscht. Ich war einsam und sehr deprimiert.

Die Tage verstrichen und ich vertrieb mir die Zeit mit Fressen und Schlafen. Damit ich nicht so alleine war, bekam ich einen anderen Hund zur Gesellschaft.
"Na, auch übriggeblieben?", wollte er wissen.
"Ach lass mich doch in Ruhe", knurrte ich und pflegte meinen Weltschmerz.
Eines Morgens bekam ich besonders viel Futter. Ich fraß und fraß, bis ich mich nicht mehr rühren konnte.
"Wahrscheinlich wollen sie dich mästen und nach Gewicht verkaufen", spottete der andere Hund, doch ich ignorierte ihn.

Dann geschah das, woran ich schon nicht mehr geglaubt hatte: Meine neuen Menschen waren da!
"Ihre Geschwister sind schon seit einer Woche weg", sagte der Mann, der sich bislang um uns gekümmert hatte. "Die Leute haben die Hunde geholt, obwohl es ihnen nach der Impfung nicht so gut ging. Auf eigene Verantwortung allerdings."

Wahrscheinlich hätte ich meine Menschen freudig begrüßen sollen, doch mein vollgefressener Bauch hinderte mich an jeglicher Bewegung. Außerdem war ich sauer.
"Schön, dass ihr euch auch mal blicken lasst", brummte ich und guckte beleidigt.
"Wir wollten da lieber kein Risiko eingehen", sagte mein neues Herrchen und strahlte mich so fröhlich an, dass sich meine Laune ein wenig besserte.
"Mach's gut, Hundchen", sagte der Mann, bei dem wir gewohnt hatten. Es klang fast ein wenig wehmütig.

2 Fahrt ins Unbekannte

Wir fuhren mit dem Auto meiner neuen Menschen. Ich durfte ganz vorne sitzen, zu Füßen meines Frauchens auf einer Decke, die noch ganz fremd roch. Überhaupt nicht nach Hund. Auf dem Sitz neben Frauchen saß Herrchen, der ein rundes Ding in den Händen hielt, das Lenkrad, wie ich inzwischen weiß. Ab und zu zog er an einem schwarzen Stock rechts neben sich. Wenn ich an einem Stock ziehe, dann kriege ich ihn auch meistens. Herrchen war da nicht so geschickt. Jedes Mal wenn er an dem Stock riss, ruckelte das Auto.
"Er fährt immer so", kommentierte Frauchen. Den Stock hat er übrigens bis heute nicht bekommen.
Wir fuhren sehr lange und mir wurde schon ganz mulmig. Wahrscheinlich kam ich furchtbar weit weg, in eine fremde Gegend, wo ich niemanden kannte. Hilfe! Ich musterte die beiden ganz genau. Sie schienen aufgeregt, obwohl sie doch überhaupt keinen Grund dazu hatten. Schließlich war ich diejenige, die nicht wusste, wohin die Fahrt gehen sollte.
Frauchen hielt mich fest und kraulte mich, wenn das Auto allzu sehr schaukelte. Ich fand das sehr nett von ihr.
"Schau auf die Straße", motzte sie, wenn Herrchen zu mir heruntersah.
"Du heißt übrigens Kira", erklärte Frauchen mit wichtiger Stimme.
"Hallo Kira."
"Aha", meinte ich, *"mal sehen, ob ich mir das merken kann. Und wie heißt ihr?"*
Es hat lange gedauert, bis ich wusste, dass sie eigentlich Ute und Ronald heißen. Wenn sie mit mir reden, dann nennen sie sich "Herrchen" und "Frauchen" und ich nenne sie auch so. Wenn sie miteinander reden, dann heißen beide Schatzi.
Seit diesem Tag ist mein Name also Kira. Gar nicht übel, wie ich finde, klingt irgendwie vornehm. Allemal besser als Hundchen, wie ich bislang gerufen wurde. Manchmal werde ich auch Maus oder Dicke genannt, je nachdem wie meine Menschen gelaunt sind. Damals waren sie sehr gut gelaunt, und strahlten mit der warmen Frühlingssonne um die Wette.

Mit einem Mal war die Fahrt zu Ende. Es wurde auch Zeit, meine Blase drückte gewaltig.
"Steigt ihr schon mal aus", sagte Herrchen, "ich stelle noch schnell das Auto in die Tiefgarage."
Frauchen hob mich aus dem Wagen und hielt mich fest im Arm.

"So kleine Kira, schau dir alles genau an. Wir gehen jetzt nach Hause."
Hallo, ich muss mal, dachte ich und ließ es laufen.
Frauchen trug mich bis zu einem Haus, vor dem wir auf Herrchen
warteten. Das Auto hatte er wirklich sehr schnell in diese Tiefgarage gebracht. Ich dachte kurz darüber nach, was eine Tiefgarage sein könnte,
kam aber zu keinem Ergebnis. Frauchen schleppte mich nach drinnen,
wir stiegen eine Treppe hinunter und standen schließlich vor einer Tür,
die Herrchen eilig aufschloss.
"Sie hat mich vollgepieselt", stellte Frauchen fest, als sie mich in die
Wohnung trug. "Am besten, ich bringe sie gleich in den Garten"
Ein bisschen aufgeregt war ich damals schon, aber in erster Linie war
ich neugierig. Ich strampelte, weil ich wollte, dass Frauchen mich
endlich absetzte. Schließlich konnte ich auch alleine laufen.
"Ja, du darfst sofort hinunter", sagte sie und trug mich quer durch die
Wohnung wieder ins Freie.

Das also sollte mein neues Zuhause sein. Ich sah mich genau um.
Zunächst erforschte ich diese Fläche aus Waschbetonsteinen, Terrasse
genannt, mit einer Menge Gartenmöbeln darauf, die gewaltig beim Herumtoben störten. Aber die Menschen brauchen immer allerlei
Gerätschaften, die ihnen helfen, auch die allereinfachsten Alltagsan-
forderungen zu meistern. Sie können nicht einmal im Freien einfach so
auf dem Fußboden sitzen, nein, selbst dazu brauchen sie spezielle
Stühle, – nur für draußen! Menschen sind eben unvollkommen, das
weiß jeder Hund. Um die Terrasse herum gab es richtigen Rasen. Na ja,
nicht viel, aber für den Anfang war ich zufrieden.
"Bin ich froh, dass das Gras schon gewachsen ist", meinte Herrchen
erleichtert. Er hatte es nämlich erst kurz vor meinem Einzug angesät.
Extra für mich! Frisches Gras ist toll! Es schmeckt gut, und in der
weichen Erde kann man prima buddeln.
Das Schönste, was ich im Garten entdeckte, war der kleine Teich gleich
neben der Terrasse. Wasser mochte ich schon immer, das liegt uns
Retrievern einfach im Blut.
"Kira, nein", rief Frauchen, als ich das Ufer erforschen wollte. Aha, der
Teich scheint sehr interessant zu sein.
"Kira, nein", sagte auch Herrchen mit ernster Stimme. Und ich dachte,
ich wäre bei netten Leuten gelandet.
Weil Frauchen mich zurück auf die Terrasse beförderte, nahm ich mir
vor, die Teichinspektion auf später zu verschieben.
Erst im Laufe der Zeit habe ich herausgefunden, dass es im Garten noch

weitere interessante Fleckchen gibt. Damals hatten die Menschen meine Auslauffläche durch hohe Absperrungen auf Terrasse und Wiese begrenzt. Warum weiß ich nicht. Ich persönlich finde auch die Blumen im restlichen Teil des Gartens verlockend, und ich helfe sehr gerne bei der Gartenarbeit. Aber damals durfte ich das noch nicht. Wahrscheinlich war ich einfach noch zu klein.

"Kira, hast du Durst?", fragte Herrchen, als ich gerade damit beschäftigt war, den Rasen nach interessanten Spuren abzusuchen. Ich hätte wetten können, dass es hier nach Mäusen duftete. Oder war es Igelgeruch?
"Hallo, Kira", sagte Herrchen und strich mir über den Rücken, "komm mal mit."
Was ist denn?", wollte ich wissen und guckte ihn fragend an. *"Siehst du nicht, dass ich zu tun habe?"*
"Na komm mal mit", bat Herrchen freundlich und schob mich behutsam durch die Terrassentür ins Wohnzimmer. "Du willst doch bestimmt etwas trinken."
Er lockte mich zu einem silbrig glänzenden Napf mit frischem Wasser. Weil ich ohnehin durstig war, trank ich gierig soviel ich nur konnte. Ich wusste ja damals noch nicht, dass der Wassernapf stets gut gefüllt an der gleichen Stelle im Flur steht.
Eigentlich hätte ich mich nun gerne ein wenig in der Wohnung umgesehen, doch meine Menschen hatten es sich auf der Terrasse bequem gemacht. Weil ich nicht alleine drinnen bleiben wollte, lief ich zurück in den Garten, um meine Suche nach Mäusespuren zu vertiefen. Ich hatte soviel getrunken, dass ich mich zwischendurch zum Pieseln ins Gras hocken musste.
"Brav, Kira", lobte Frauchen.

"Ja wer ist das denn?", sagte plötzlich eine fremde Stimme, deren Herkunft ich nicht einordnen konnte. Herrchen und Frauchen schauten nach oben und erklärten der Stimme, dass mein Name Kira sei, und ich ab jetzt hier wohnen würde.
"Die ist aber niedlich", sagte die Stimme freundlich. "Hallo Kira!"
Ich war irritiert. Wer sprach da mit mir? Ich stellte mich auf die Terrasse, dorthin, wo ich die Stimme am besten hören konnte. Sehen konnte ich nichts.
"Kira schau, da oben", sagte Frauchen und kniete sich neben mich.
"Kira!", rief die Stimme wieder, und ich drehte mich suchend im Kreis. Nichts. Komisch.
"Sie kann noch nicht nach oben gucken", vermutete Herrchen.

"Das kommt bestimmt noch", meinte die Stimme.

Ich war sehr verwundert über das Phänomen der unsichtbaren Stimme. Später begriff ich, dass sie zu der Frau gehörte, die in der Wohnung über uns wohnt. Leute, die um uns herum leben, heißen übrigens Nachbarn. So auch die Frau über uns. Sie kann sich auf ihren Balkon stellen und zu mir in den Garten schauen. Sie kann mir von dort oben sogar Kekse hinunterwerfen. Aber das ist eine andere Geschichte.

Ich gähnte herzhaft. Mit einem Mal merkte ich, wie müde ich eigentlich war und machte mich auf die Suche nach einer Schlafmöglichkeit. "Hier ist dein Platz", erklärte Herrchen und klopfte auf einen Haufen zusammengefalteter Decken, der gleich am Durchgang im Wohnzimmer neben der Couch herumlag. Decken kannte ich ja schon, aber was bitte sollte ein Platz sein? Egal. Ich war viel zu schläfrig, um darüber nachzudenken und legte mich kurzerhand auf dieses Deckenlager, um ein Nickerchen zu halten. Es wird schon niemanden stören, wenn ich mich hier etwas ausruhe, dachte ich. Es war ein ereignisreicher Tag gewesen, und ich war so erledigt, dass ich sofort fest einschlief.

Ich erwachte durch einen lauten Knall. Draußen war es stockfinster. Ein greller Lichtschein erhellte für Sekunden die Umgebung, dann knallte es wieder. Hilfe, dachte ich und vergrub mich unter den Decken. Ich habe doch gar nichts getan! Als ich wieder hervorguckte, standen Herrchen und Frauchen neben mir und schauten besorgt. "Arme Kira", flüsterte Frauchen und setzte sich neben mich, "das ist doch nur ein blödes Gewitter." Es rumste wieder und ich zuckte vor Schreck zusammen. Herrchen kraulte mich am Hals, was mich merkwürdigerweise beruhigte. Gewitter also: helles Licht und viel Lärm. Außerdem wird man dabei gestreichelt. Ich machte mich ganz lang und rollte mich auf den Rücken, damit Herrchen meinen Bauch kraulen konnte. Das Gewitter machte mir keine Angst mehr, jetzt, wo meine neuen Menschen bei mir saßen. Herrchen gähnte.

"Geh' ins Bett", sagte Frauchen, "ich bleibe noch ein bisschen hier." Herrchen verschwand recht schnell, und Frauchen legte sich zu mir aufs Deckenlager. Es dauerte nicht lange, da war sie fest eingeschlafen. Draußen tobte noch immer das Gewitter, aber ich, ich passte gut auf, dass nichts passierte.

3 Der erste Tag

Ich erwachte früh am nächsten Morgen und versuchte mich zu erinnern, wo ich mich befand und was geschehen war.

"Guten Morgen, kleine Kira."

Ah, ja. Frauchen. Nun fiel es mir wieder ein. Der Abschied vom Stall, die lange Autofahrt, ein neues Zuhause, meine eigenen Menschen. Ich gähnte herzhaft und verließ die Deckenunterlage, auf der ich ganz wunderbar geschlafen hatte. Ehe ich wusste, wie mir geschah, hatte mich Frauchen geschnappt und in den Garten gesetzt. Hoppla, was sollte das denn? Doch wenn ich schon mal hier bin, dachte ich, kann ich auch gleich pieseln. Der Einfachheit halber machte ich noch einen Haufen.

"Ja! Brave Kira!", freute sich Frauchen.

Aha, dachte ich, den Menschen gefällt es, wenn ich das mache. Muss ich mir merken.

Nun hatte ich Hunger. Ich schnüffelte ein wenig im Gras umher, konnte aber nichts Fressbares finden. Frauchen, die mir eine Weile zugesehen hatte, ging zurück in die Wohnung. Vielleicht weiß ja sie, wo es hier Futter gibt, überlegte ich, und marschierte hinterher.

Drinnen kam mir Herrchen entgegen.

"Guten Morgen, Kira. Gut geschlafen?"

"Aber klar. Was gibt's zum Frühstück?" Mein Magen knurrte gewaltig.

"Das Gewitter hat ihr wohl nichts ausgemacht", stellte Frauchen fest.

"Stimmt. Aber ihr beide seht ziemlich erledigt aus."

"Ich habe gar nicht viel geschlafen", jammerte Herrchen.

"Ich auch nicht", meinte Frauchen, "ich lag die ganze Nacht beim Hund. Ich brauche jetzt dringend einen Kaffee."

Inzwischen weiß ich, dass Kaffee ein Mittel ist, das Frauchen morgens gleich nach dem Aufstehen trinken muss, weil sie sonst muffelig und schlecht gelaunt ist. Herrchen ist morgens nie schlecht gelaunt, er trinkt aber trotzdem Kaffee.

"Kira, schau mal, es gibt Frühstück."

Frauchen trug einen zweiten silbrig glänzenden Napf in den Flur. Ob es jetzt etwas zu fressen gab? Ich ging gleich einmal schauen. Tatsächlich. Das Zeug im Napf kannte ich bereits von früher. Komische Kringel, die nach gar nichts schmecken, in viel Wasser breiartig aufgeweicht.

"Wie, kein Hühnchen mit Reis?" Ich schaute Frauchen so vorwurfsvoll an wie ich nur konnte.

"Schön fressen, Kira. Das schmeckt gut!"

Ich hatte solchen Hunger, dass ich alles verputzte, was ich kriegen konnte. Allerdings hoffte ich, dass sich die Verpflegung in Zukunft bessern würde.

Nach dem Frühstück hatte ich endlich Gelegenheit, in aller Ruhe die Wohnung zu erkunden. Im Flur fand ich, abgesehen von meinem Wassernapf, nichts Interessantes. Also zurück ins Wohnzimmer. Mein "Platz", damals also das Deckenlager, lag dort noch immer neben der Couch. Sonst gab es wenig Bemerkenswertes, abgesehen von den großen Pflanzen, die so geschickt auf dem Boden standen, dass ich ohne Mühe herankam. Als ich versuchsweise an einem Blättchen zupfen wollte, rief Frauchen sofort: "Kira, nein!". Dann eben später, dachte ich, und schnüffelte erst einmal den ganzen Raum nach verdächtigen Spuren ab. Andere Hunde schien es hier nicht zu geben. Stattdessen roch es überall nach meinen neuen Menschen.
Dann stellte ich fest, dass ich auf dem rutschigen Holzboden nicht bremsen konnte, wenn ich schnell rannte. Das würde ich mir merken müssen.
Auch der Tisch vor der Couch erwies sich als tückisch. Der ist nämlich ganz durchsichtig und wenn man nicht aufpasst, kann man sich dort beim Spielen den Kopf anstoßen, weil man ihn erst bemerkt, wenn es zu spät ist.
"Kira, nicht unter dem Tisch hüpfen", ermahnte mich Frauchen und legte schließlich ein Stück Stoff darüber. Nun konnte man den Tisch besser erkennen.
Gleich neben dem Wohnzimmer entdeckte ich die Küche und lugte vorsichtig hinein, denn mir war, als hätte Frauchen dort mein Futter zusammengerührt. Leider konnte ich nichts Fressbares finden. Vielleicht im Flur, wo ich vorhin gefrühstückt hatte? Fehlanzeige.
Ich schaute in den Raum, in den sich meine Menschen letzte Nacht zurückgezogen hatten: das Schlafzimmer.
Überall Möbel und nur ein schmaler Pfad zum Fenster. Langweilig und viel zu klein, um darin zu spielen. Zurück im Flur entdeckte ich weitere Türen, die aber geschlossen waren. Merkwürdig. Ob meine Menschen etwas zu verbergen hatten? Egal. Früher oder später würde ich es herausfinden.
"Musst du pieseln?", fragte Frauchen und öffnete die Terrassentür. Prima, dachte ich und lief gutgelaunt in den Garten. Etwas frische Luft konnte nicht schaden. Weil ich schon wieder dringend musste, hockte ich mich auf den Rasen.

"Brav", lobte Herrchen, der mir zusah, "schööön pieseln."
Anschließend wollte ich zum Teich, bloß um zu sehen, ob das heute immer noch verboten war. Ich schlich vorsichtig näher und hätte es fast geschafft, das Wasser zu erreichen, als plötzlich Herrchen hinter mir stand.

"Kira, schau mal, was ich habe", sagte er und hielt mir ein Gebilde vor die Nase, das aussah wie ein großer Knochen aus Stoff. "Das ist für dich."

Für mich? Ein Geschenk? Toll! Ich nahm das Ding ganz behutsam ins Maul und legte es dann auf den Boden. Wozu das wohl gut sein mochte? Probehalber stupste ich mit der Nase daran. Weil nichts passierte, beschloss ich, zu härteren Maßnahmen zu greifen. Ich packte das Stoffseil und schüttelte es, so fest ich nur konnte.

"Es gefällt ihr", sagte Frauchen, die nun auch in den Garten gekommen war. "Kira, du darfst es zerbeißen. Das ist gut für die Zähne."

Mein allererstes Spielzeug! Ich war glücklich. Herrchen schnappte sich ein Ende des Kauseils, das ich noch immer fest im Maul hielt, und zog daran. Weil ich es nicht wieder hergeben wollte, biss ich die Zähne zusammen und zerrte so fest ich nur konnte. He, das macht Spaß, dachte ich, als ich versuchte, Herrchen abzuschütteln. Ich war nur eine Sekunde unachtsam, als er seine Chance nutze, und mir das Kauseil abluchste.

"Ich habe gewonnen!", freute er sich und strich mir tröstend über den Rücken. Dann hielt er mir die Trophäe unter die Nase.

"Aber das gehört trotzdem der Kira. Da, nimm."

Ich fand es sehr nett von Herrchen, dass er mir mein Stofftau so bereitwillig zurückgab und forderte ihn gleich zu einer neuen Runde des Zerrspiels auf. Nachdem Herrchen noch dreimal gewonnen hatte, wollte er nicht mehr spielen.

"Es ist Zeit für Kiras Mittagessen", sagte Frauchen dann und rief mich in den Flur, wo sie mir den gefüllten Napf hingestellt hatte. Ich schnupperte kurz an den eingeweichten Kringeln und rümpfte die Nase. *Ich mag das Zeug nicht*", erklärte ich und ließ das Futter unberührt stehen.

"Vielleicht hat sie keinen Hunger?", überlegte Frauchen und räumte die Kringel schließlich wieder fort.

Unschlüssig, was ich nun tun sollte, tapste ich ins Wohnzimmer. Gerade als ich überlegte, ob ich mich nicht auf meinen Platz legen und ein Schläfchen halten sollte, überkam mich ein dringendes Bedürfnis. Ich hockte mich zum Pieseln auf den Teppich unter dem Couchtisch.

Anschließend beschloss ich, doch wieder in den Garten zu gehen, um mein Kauseil zu suchen.

"Sie hat ins Wohnzimmer gemacht", stellte Frauchen fest. Herrchen schaute grimmig. Wahrscheinlich hatte er jetzt keine Lust auf ein weiteres Zerrspiel. Stattdessen erforschte ich den Platz unter der Gartenbank, die direkt an der Hauswand neben der Terrassentür steht und stellte fest, dass man dort wunderbar geschützt liegt, fast wie in einer kleinen Höhle. Sehr behaglich. Um diese Stelle auf Schlaftauglichkeit zu überprüfen, hielt ich ein kurzes Probenickerchen.

Ich erwachte durch ein schrilles Geräusch,... ring... ring... ring..., dreimal hintereinander. Ich krabbelte unter der Bank hervor und sah mich suchend um. Nichts. Was dieser Lärm wohl zu bedeuten hatte? Egal. Ich entdeckte, dass mein Stoffknochen noch immer im Gras lag, und vergaß den Vorfall. Zumindest bis zu dem Augenblick, als Herrchen und Frauchen in Begleitung zweier mir unbekannter Menschen auf die Terrasse kamen. Was die wohl wollten?

"Das ist sie", sagte Herrchen, "das ist Kira".

"Hallo Kira", sagte der Mann.

"Ach ist die klein", meinte die Frau.

Ich wedelte freundlich mit dem Schwanz, um die Neuankömmlinge zu begrüßen.

"Die ist niedlich, nicht wahr?" Frauchen war sehr stolz.

Meine Menschen erzählten von unserer gestrigen Autofahrt, doch ich hatte das Gefühl, dass die Fremden gar nicht richtig zuhörten, sondern nur Augen für mich hatten. Ich glaube sogar, sie waren eigens gekommen, um mich zu besuchen. Sehr schmeichelhaft.

Der Mann hockte sich neben mich und kraulte meinen Hals. Fein. Dafür zeigte ich ihm mein tolles Kauseil, das er ausgiebig bewunderte. Ich mochte die beiden, die übrigens Papa und Mama heißen und zu unserem Rudel gehören, weil sie die Eltern von Frauchen sind. Komischerweise wohnen sie trotzdem ganz woanders. Menschen sind eben merkwürdig.

Mein neues Zuhause gefiel mir trotzdem, abgesehen von der Qualität des Kringelfutters natürlich. Das erstes Spielzeug, Papa und Mama, der feine Schlummerplatz unter der Gartenbank, Herrchen und Frauchen, die für Kurzweil sorgten. Als ich mir aus der Küche ein Geschirrtuch auslieh, um damit Frauchen zum Fangenspiel herauszufordern, freute sie sich über meinen Einfallsreichtum und rannte "Räuber, Räuber" rufend hinter mir her. Als sie mich endlich eingeholt und sich meine Beute geschnappt hatte, nahm ich die Verfolgung auf. Ein lustiges Spiel!

Hier lässt es sich aushalten, dachte ich später und war froh, so liebe Menschen bekommen zu haben. Heimweh nach dem Stall hatte ich überhaupt nicht.

Ich döste schließlich erschöpft auf meinem Platz im Wohnzimmer ein, und auch Herrchen und Frauchen schliefen so fest, dass sie nicht einmal aufwachten, als ich nachts einen Haufen ins Wohnzimmer setzte.

4 Große und kleine Geschäfte

Herrchen und Frauchen freuten sich, wenn ich meine größeren oder kleineren Geschäfte erledigte. Anfangs überraschte es mich ein wenig, dass ich *dafür* gelobt wurde, denn das kannte ich nicht von meinem früheren Leben im Stall. Ganz anders bei meinen Menschen.

"Muss die Kira pieseln?", hieß es nun, wenn ich aufgeregt herumschnupperte. "Oder einen Haufen machen?" Dann wurde sofort die Terrassentür geöffnet und ich durfte nach draußen. Besonders drollig fand ich es, wenn Frauchen schon mit Schaufel und Zeitung daneben stand, sobald ich einen Haufen produzierte.

"Brav, Kira. So ein schöner Haufen!"

Der schöne Haufen wurde dann auf die Zeitung geschaufelt und in der Komposttonne entsorgt.

Mir gefiel es, dass ich gelobt wurde, und weil meine Menschen es so gerne hatten, wenn ich pieselte oder einen Haufen machte, versuchte ich natürlich, ihnen so oft wie möglich diese Freude zu bereiten.

Ihr könnt euch meine Enttäuschung sicher vorstellen, als ich erkannte, dass sie weit weniger erfreut reagierten, wenn ich meine Geschäfte in der Wohnung erledigte. Vor allem der Teppich unter dem Couchtisch bot damals für meinen Geschmack eine gute Pieselunterlage. Wenn meine Menschen allerdings merkten, dass ich mich zu diesem Zweck auf den Teppich hocken wollte, hieß es energisch "Kira, nein!" und ich wurde schneller, als ich gucken konnte, in den Garten gesetzt.

Der Teppich im Wohnzimmer war übrigens bald verschwunden. Schade.

"Ich hätte nicht gedacht, dass es so stressig sein würde mit einem Welpen", stöhnte Herrchen. "Man muss ja dauernd hinterher sein, um sie rechtzeitig raus zu lassen."

Dabei konnte ich gar nichts dafür. Welpen *müssen* oft nach draußen. Und zwar schnell! Lässt man sie nicht, machen sie in die Wohnung. So einfach ist das. Und Welpenhäuflein stinken gewaltig.

Mir persönlich war die Situation auch sehr unangenehm. Es gibt nämlich unter Hunden eine goldene Regel: Verschmutze nie dein eigenes Zuhause! Ist ja auch logisch, wer spielt schon gerne auf der Toilette? Darum wollte ich meine Geschäfte schon bald nicht mehr freiwillig im Wohnzimmer erledigen. Das Problem war bloß, dass Herrchen und Frauchen manchmal nicht rechtzeitig merkten, wenn ich musste. Genervt waren sie obendrein.

"Hier dreht sich alles nur noch um die Verdauung des Hundes", seufzte Frauchen, "ich habe das Gefühl, dass ich nichts anderes mehr mache, als Haufen wegzuputzen."

Es musste etwas geschehen und ich hatte bereits eine Idee. Während meiner Streifzüge durch die Wohnung war mir ein weiterer Raum aufgefallen: das Arbeitszimmer. Der Nachteil: Ich durfte nicht rein. Sobald ich diesen Raum betreten wollte, wurde ich hinausgeschoben. Herrchen sagte etwas wie "es sei zu gefährlich, mich alleine im Arbeitszimmer zu lassen, weil es da zu viele Kabel gibt und Welpen ja alles annagen."

Was er damit meinte, weiß ich nicht, doch wenn man in diesen Raum nicht hinein durfte, dann konnte er nicht wichtig sein. Dachte ich zumindest. Was lag also näher, als dort seine Geschäfte zu erledigen? Außerdem bot der helle, weiche Teppich eine perfekte Unterlage zum Pieseln. Herrchen und Frauchen würden sich freuen, mir nicht dauernd die Terrassentür öffnen zu müssen! Also erledigte ich meine Geschäfte gewissenhaft im Arbeitszimmer. Ich war sehr stolz auf diesen Einfall!

Na schön, – es stellte sich als Irrtum heraus. Frauchen motzte leise, aber Herrchen war wirklich sauer. Jedes Mal, wenn er mich beim Pieseln im Arbeitszimmer erwischte, schimpfte er und schleppte mich in den Garten. Ich verstand das nicht. Schließlich machte ich nicht mehr dorthin wo ich spielte, schlief oder fraß. Immer wieder gab es Krach deswegen. Dabei tat ich doch wirklich mein Bestes und war mir keiner Schuld bewusst.

"Ich kapiere das nicht", meinte Herrchen verärgert, "irgendwann muss sie doch lernen, dass sie nicht ins Arbeitszimmer machen soll. Sonst macht sie doch auch nirgends mehr hin!"

"Wahrscheinlich macht sie ja nur ins Arbeitszimmer, weil sie nie hineindarf." Frauchen kann manchmal recht scharfsinnig sein.

"Wenn sie das Zimmer kennt und drin spielen darf, dann hört es vielleicht auf."

Fortan verbrachten wir alle zusammen viel Zeit im Arbeitszimmer. Ich begriff rasch, dass auch dieser Raum zu meinem Zuhause gehörte und ich dort besser nicht hinein pieseln sollte.

Es blieb also nur noch eine Frage zu klären: Wie kam ich rechtzeitig ins Freie, wenn ich musste? Mir persönlich hätte es damals genügt, wenn die Terrassentür rund um die Uhr offen geblieben wäre, aber meine Menschen hielten das wohl für keine gute Idee. Stattdessen machten sie sich eigene Gedanken darüber, wie sie es mir am besten ermöglichen konnten, meine Geschäfte draußen zu erledigen. Doch wie immer, wenn sich Menschen Gedanken über Hundeprobleme machen, wird es schrecklich kompliziert.

Ich wohnte erst ein paar Tage hier, als Herrchen mit diesem Halsband ankam. Ich kannte die Dinger bereits von dort, wo ich früher gewohnt hatte. Unser Futterbringer von damals hatte sie mir und meinen Geschwistern angelegt, damit er uns auseinanderhalten konnte. Ich war das "Hundchen mit dem gelben Halsband", – kein besonders schöner Name, wenn man es sich so recht überlegt.

"Komm Kira, wir müssen dich anziehen", erklärte Herrchen und legte mir das schmale, lederne Band um.

"Sehr schick", befand er zufrieden.

Als Frauchen mir diese lange Lederschnur zeigte, ahnte ich noch nichts Böses, auch nicht, als sie an meinem neuen Halsband herumnestelte. Dann aber wollte ich ein Stückchen laufen und hoppla, ihr ahnt es nicht, ich kam keinen Schritt voran! Was war denn nun los? Ganz klar, es hing mit dem blöden Lederband zusammen. Das eine Ende war an meinem Halsband befestigt, das andere hielt Frauchen in der Hand.

"Ja, Kira, das ist deine Leine", erklärte sie.

"Na toll. Und was soll das Ganze?"

"Jetzt gehen wir Gassi. Hörst du, Kira: G a s s i."

Frauchen betonte jeden Buchstaben dieses Wortes einzeln.

"Was immer du meinst", brummte ich, *"aber mach mir dieses Ding vom Hals."*

Natürlich tat mir niemand den Gefallen, ganz im Gegenteil. Frauchen zog an ihrem Ende der Leine, und überrascht wie ich war, gab ich nach und tappte hinter ihr her. Fürs Erste. Schließlich wollte ich wissen, was nun geschehen sollte. Es musste einen Grund für die Leine und das Halsband geben, da war ich mir sicher. Nur welchen? Herrchen öffnete die Tür durch die wir bei meinem Einzug gekommen waren. Das gab mir dann doch zu denken. Wollten meine Menschen mich wieder fort bringen? Ich blickte sie fragend an.

"Schau nicht so", lachte Frauchen, "Gassi ist fein". Herrchen nickte zustimmend. Aus denen sollte Hund nun schlau werden. Wir verließen unsere Wohnung und standen vor einer Treppe, die nach oben führte. Na toll, und nun? Die Treppe war riesengroß und steil und ich hatte keine Ahnung, wie ich sie erklimmen sollte. Bei meinem Einzug war mir das gar nicht aufgefallen, aber da hatte Frauchen mich ja auch getragen.

"Du darfst noch keine Treppen steigen", löste sie mein Problem und schleppte mich nach oben. Schon wieder eine Tür! War das kompliziert! Zumindest für einen unerfahrenen Welpen, der noch nicht wusste, dass es im Haus noch andere Wohnungen gibt und unsere eben ganz unten liegt. Wir müssen erst eine Treppe hinaufsteigen, um durch die Haustür ins Freie zu gelangen.

Dort standen wir nun. Ich schaute mich skeptisch um.

Ich befand mich in einem teils gepflasterten, teils mit Gras bedeckten Innenhof. Ringsherum entdeckte ich hinter Sträuchern und Hecken weitere Häuser. Ob hier auch Hunde wohnten?

"Los, wir gehen ein paar Schritte, damit du die Gegend kennen lernst." Frauchen zog an der Leine, ich trabte hinterher.

Wir durchquerten den Hof, kamen an einer Häuserreihe vorbei und erreichten schließlich einen etwas breiteren, mit allerlei Grünzeug gesäumten Weg. Mir war, als hörte ich in der Nähe Autos fahren, und tatsächlich, jenseits der Sträucherhecke sah ich eine parallel zum Weg verlaufende Straße. Während ich so dastand und schaute, spürte ich meine Blase. O je, dachte ich, auf Asphalt zu pieseln ist nicht mein Ding. Also zog ich an meinem Ende der Leine, weil ich den Grasstreifen am Rand des Weges erreichen wollte. Frauchen lief brav hinter mir her.

"Gut gemacht, Kira", lobte mich Herrchen. Wofür ich gelobt wurde, war mir nicht ganz klar. Sicher, pieseln ist immer richtig, aber wahrscheinlich war es dafür, dass ich Frauchen so toll an der Leine geführt hatte. Ganz bestimmt.

Seitdem gingen wir häufiger Gassi. Wir spazierten im Hof umher, liefen vor zum Grünstreifen, wo ich meine Geschäfte erledigte, und ab und zu schlenderten wir noch ein wenig den Weg neben der Straße entlang, aber nur ein kleines Stückchen. Ich persönlich wäre ja gerne noch weiter gelaufen, aber meine Menschen wollten nicht.

"Dafür bist du noch viel zu klein", hieß es, übrigens nicht zum letzten Mal. Aber immerhin: Seit wir Gassi gingen, machte ich kaum noch in den Garten. Ich fand das in Ordnung, denn eigentlich wollte ich den Rasen dort lieber zum Spielen nutzen. Meine Menschen teilten diese Ansicht, schon deswegen, weil sich Welpenhaufen nicht immer restlos aus dem Gras entfernen lassen. Mir war auch schnell klar, dass wir sehr regelmäßig Gassi gingen. Darauf konnte ich mich verlassen. Also versuchte ich, mir meine Bedürfnisse so lange wie möglich zu verheben. Zu meiner eigenen Überraschung klappte das auch ganz hervorragend. Zumindest tagsüber.

Nachts konnte es passieren, dass meine Menschen so fest schliefen und nicht merkten, wenn ich Gassi gehen musste. Oder wenigstens raus in den Garten. Dann hatte ich ein gewaltiges Problem. Stellt euch vor, ihr wacht nachts auf, weil ihr furchtbar dringend müsst, habt aber keine Ahnung, wo die Toilette ist. Schrecklich, oder? In meiner Not lief ich immer sofort zur Terrassentür, musste aber feststellen, dass dort noch zu war. Also nichts wie umgedreht, um meine Menschen zu wecken. Weil ich aber nicht wusste, wie ich das bewerkstelligen sollte, stand ich bloß unschlüssig vor ihrem Bett. Dann war es ohnehin zu spät. Meine Menschen wachten schließlich auf, weil sich ein strenger Geruch ausbreitete. Frauchen putzte den frischen Welpenhaufen vom hellen Schlafzimmerteppich, sagte aber nichts. Sie wusste wohl ohnehin, wie peinlich mir die Sache war.
"Ich möchte nachts endlich wieder einmal schlafen", jammerte Herrchen. Frauchen nickte müde.
"Wenn sie wenigstens anzeigen würde, dass sie muss", klagte sie, "ich dachte immer, Hunde bellen oder kratzen an der Tür, wenn sie raus wollen."
Für eine Weile lag dann ausgebreitetes Zeitungspapier vor der Terrassentür, nur so, für Notfälle.
"Kira, wenn du musst, mache deinen Haufen hier hin", erklärte Herrchen und klopfte auf die Zeitung. Ich fand dieses Angebot richtig zuvorkommend und nutzte es vorübergehend, wenn ich gar nicht anders konnte.
Sehr hilfreich war die Idee, kurz vor dem Schlafengehen noch einen Gang nach draußen zu machen. Immerhin hielt ich dann fast die ganze Nacht durch.
"Ich glaube, es ist nur eine Frage der Zeit, bis sie durchschläft", mutmaßte Frauchen damals schon zuversichtlicher und ich kann euch verraten, dass sie Recht behielt. Bald lag auch wieder der Teppich im Wohnzimmer.

Ach ja, meine Menschen haben inzwischen ihre Meinung hinsichtlich des "In-den-Garten-machens" geändert.

"Kira, du darfst in den Garten pieseln", erklärt mir Herrchen immer wieder, wenn er sich vor dem Spätabendgassi drücken möchte.
"Ich weiß, dass ich darf", antworte ich dann schwanzwedelnd, *"aber ich will nicht."*
Darum gehen wir bis heute bei Wind und Wetter Abend für Abend brav zum Pieseln nach draußen. Ich bestehe darauf, selbst dann, wenn ich eigentlich gar nicht mehr muss.

5 Welpensorgen

Für einen Welpen, der eigene Menschen bekommen hat, bedeutet es eine gehörige Umstellung, sich an die Regeln und Gepflogenheiten seines neuen Rudels zu gewöhnen. Stubenrein zu werden ist hierbei eine der leichteren Übungen, denn es liegt in der Natur des Hundes, sein Zuhause nicht unnötig zu verschmutzen. Weitaus schwieriger war es, meinen Menschen klarzumachen, welche Vorstellungen *ich* von unserem weiteren Zusammenleben hatte.

Die Futterfrage zum Beispiel. Die war noch lange nicht zu meiner Zufriedenheit gelöst. Am ersten Tag nahm ich es ja noch hin, dass die Mahlzeiten, die ich morgens, mittags und abends bekam, aus eingeweichten Kringeln bestanden. Am zweiten Tag mochte ich keine Kringel mehr.
"Gibt's hier nichts anderes?", wollte ich wissen, als Frauchen mir das Futter hinstellte.
Anscheinend nicht.
"Ich fresse das nicht", meinte ich und legte mich vor den Napf.
"Na, Kira, keinen Hunger?"
"Vermutlich ist sie satt", mutmaßte Herrchen. "Guck' dir nur mal ihren Bauch an."
Ich fand meinen Bauch ganz in Ordnung, abgesehen davon, dass er knurrte.
"Wahrscheinlich hast du Recht", stimmte Frauchen zu und räumte den Napf wieder fort.
Die nächste Futterzeit kam, und mit ihr der Napf mit den eingeweichten Kringeln. Ich legte mich davor und wedelte freundlich mit dem Schwanz.
"Nett, dass ihr an mein Fressen denkt, aber das da mag ich nicht!"
Frauchen war nun doch besorgt.

"Sie muss etwas fressen. In ihrem Alter ist das wichtig!"

"Gut. Nur was sollen wir tun? Hoffentlich ist sie nicht krank!"

Herrchen war ganz ratlos. "Weißt du was, ich rufe mal beim Züchter an, vielleicht hat der eine Idee."

Ich weiß nicht, was der Züchter zu Herrchen gesagt hat, aber als ich wieder Futter bekommen sollte, waren fleischähnliche Brocken in den Kringelbrei gemischt.

Hmm, schon besser, dachte ich, und fischte die Fleischstückchen aus dem Napf.

"Immerhin mag sie das Dosenfleisch", stellte Frauchen fest.

Sie hatte sich neben den Napf auf den Boden gesetzt und sah mir beim Fressen zu. Als kein Fleisch mehr übrig war, beendete ich die Mahlzeit.

"Wie? Und was ist mit dem Rest?", wunderte sich Frauchen, "komm Kira, das schmeckt lecker!".

Sie nahm eine Portion Kringelbrei in die Hand und hielt sie mir vor die Schnauze.

"Probier es wenigstens."

Na gut, sagte ich mir, dem Frauchen zuliebe. Außerdem hatte ich wirklich Kohldampf. So fraß ich den Kringelbrei häppchenweise aus Frauchens Hand. Übrigens, gleich am nächsten Tag hatte sich der Speiseplan geändert. Es gab für eine Weile Huhn mit Reis, frisch zubereitet. Ich war begeistert! Anzumerken bleibt, dass es irgendwann auch wieder Kringel gab, aber immer mit einer leckeren Zutat gewürzt: Fleisch, Gemüse, Reis, Frischkäse. Das ist bis heute so, wobei es am allerbesten ist, wenn ich eine Portion Nudeln bekomme. Ich finde, das ist ein annehmbarer Kompromiss in der Futterfrage.

Menschen haben eben bisweilen sonderbare Vorstellungen über das Wohlergehen des Hundes. Die Wahl des Futters beweist es, aber auch folgende Begebenheit, die schon in der ersten Woche passiert war.

"Hier stinkt's", stellte Herrchen fest.

"Wahrscheinlich liegt es daran, dass sie heute Nacht in die Wohnung gemacht hat", meinte Frauchen, "so schnell geht der Geruch nicht weg."

"Nein, das ist es nicht", widersprach Herrchen, "es stinkt nach Stall. Die Kira braucht ein Bad."

"Aber Welpen soll man doch nicht baden", glaubte Frauchen.

Ich war übrigens nicht der Ansicht, dass es unangenehm roch, ganz im Gegenteil. Es duftete vertraut, ganz so, wie ich es gewohnt war.

"Ich finde trotzdem, dass es hier nach Stall stinkt", meinte Herrchen trotzig.

"Sie muss doch erst einmal Vertrauen zu uns fassen", entgegnete Frauchen, "baden würde sie nur erschrecken."
Ich wusste damals zwar noch nicht, was "Baden" bedeutete, aber es hörte sich eindeutig unschön an. Um das zu unterstreichen, kratzte ich mich demonstrativ hinter dem Ohr. Das juckte aber auch... und erst der Rücken...
"Ist es normal, dass sie sich so oft kratzt?", fragte Frauchen skeptisch.
Herrchen war wohl der Ansicht, dass es nicht normal sei, denn sofort stürzten sich beide auf mich und durchforsteten mein Fell. Das tat gut.
"Ja, dort... etwas tiefer. Genau. Da juckts. Fein." Ich brummte zufrieden.
"Flöhe. Der Hund hat Flöhe. Auch das noch."
Frauchen schien verärgert. "Was machen wir denn da?"
"In die Tierhandlung fahren und irgendetwas dagegen besorgen", entschied Herrchen kurzerhand.
Später zeigte er uns, was er alles besorgt hatte: "Flohshampoo, auch für Welpen geeignet, ein Spray und einen Flohkamm".
"Das heißt, wir müssen sie wirklich baden", schloss Frauchen scharfsinnig.
Auweia!
Zuvor wurde mein Fell mit dem neuen Kamm bearbeitet.
"Ich habe einen!", rief Herrchen ab und zu triumphierend.
"Bist ein großer Flohjäger", lobte ihn Frauchen.
Dann trug sie eine mit Wasser gefüllte Wanne auf die Terrasse.
"Kira schau", rief sie mich, "jetzt wird gebadet."
Ehe ich mich versah, stand ich im Wasser und wurde von oben bis unten nassgespritzt, mit übelriechendem, schäumenden Zeug eingeschmiert und nochmals nassgespritzt. Anschließend wurde ich aus der Wanne gehoben und mit großen Tüchern abgerubbelt.
"Na, war's schlimm?", fragte Frauchen und guckte besorgt.
"Hoffentlich hat sie jetzt keine Angst vor Wasser."
Angst vor Wasser? Ich? Nie im Leben! Da muss schon mehr passieren. Ich wedelte mit dem Schwanz um meine Menschen zu beruhigen. Mein erstes Bad fand ich überhaupt nicht schlimm, von der Tatsache einmal abgesehen, dass mein Fell hinterher höchst befremdlich roch. Aber immerhin hatte das grässliche Jucken aufgehört.

Andere Probleme waren weitaus komplizierter. Ganz am Anfang gab es bei uns rege Auseinandersetzungen darüber, wo ich nachts schlafen sollte. Ich habe doch von meinem Platz im Wohnzimmer erzählt, ihr wisst schon, mein Deckenlager gleich neben der Couch. Nirgends sonst läßt es sich so entspannt herumfläzen wie dort. Darüber hinaus bietet mein Platz die wunderbare Möglichkeit, geschützt herumzuliegen und gleichzeitig alles mitzubekommen, was meine Menschen so tun. Zumindest tagsüber. Nachts verkriechen sie sich im Schlafzimmer in ihr Bett unter einer Menge Decken. Und ich? Ich sollte damals allen Ernstes alleine auf meinem Platz im Wohnzimmer bleiben! Ich fand das ungeheuerlich!

"Es sind doch nur ein paar Meter", sagte Herrchen. Tatsächlich konnte ich sogar das Bett mit meinen Menschen drin sehen, wenn ich den Kopf ein wenig drehte und ums Eck lugte. Aber das war mir zu wenig. Ich wollte auch im Schlafzimmer liegen.

"Kira, auf deinen Platz!", hieß es dann, und wenn ich diese Aufforderung überhörte, wurde ich gegebenenfalls dorthin getragen. Irgendwann war ich es leid. Ich wartete geduldig, bis meine Menschen schliefen. Sobald die Luft rein war, schlich ich ins Schlafzimmer und machte es mir neben dem Bett bequem. So fanden meine Menschen mich dann am nächsten Morgen.

"Tritt nicht auf den Hund", mahnte Frauchen, wenn Herrchen aufstehen wollte.

Dieses Spielchen ging einige Tage lang gut, so dass ich es irgendwann einmal wagte, mich ins Schlafzimmer zu schleichen, als Herrchen und Frauchen noch wach waren. Stellt euch vor, was passierte: überhaupt nichts!

"Der Hund ist da", stellte Herrchen fest.

"Ach, dann lass sie eben", meinte Frauchen.

Als nächstes versuchte Frauchen, mir meinen neuen nächtlichen Ruheplatz durch eine Decke behaglicher zu gestalten.

"Ich sehe es gar nicht gerne, wenn sie so auf dem Fußboden liegt", erklärte sie. Ich hingegen mochte und mag es, auf dem Teppich zu schlafen, und um das klarzumachen, legte ich mich demonstrativ neben die Decke. Es dauerte nicht lange, bis Frauchen ihre Bemühungen aufgab und die Decke wegpackte. Was nun nicht heißen soll, dass ich Bequemlichkeit nicht zu schätzen wüsste. Ich entdeckte, dass Frauchen im Bett ein ganz großes und zwei kleine Kissen hatte. Das große müsse ihr genügen, entschied ich, und zupfte stets nachts, wenn alles schlief, ganz vorsichtig ihre beiden kleinen Kissen zu mir hinunter. Nun konnte auch ich meinen Kopf bequem auf ein weiches Polster legen. Frauchen merkte nie etwas. Irgendwann aber hat sie mir ihre Kissen geschenkt! Nettes Frauchen.

Verstanden habe ich ja nicht, warum ich zunächst auf meinem Platz hätte bleiben sollen. Hunde können schließlich überall schlafen und wenn ich neben dem Bett liege, stört das wirklich niemanden. Finde zumindest ich. Ich vermute, meine Menschen wollten sich damals einfach nur wichtig machen. Egal. Ich hatte gewonnen und erreicht was ich wollte.

So war dieses Problem aus der Welt geschaffen. Na ja, nicht ganz. Heute möchte ich nämlich nicht mehr jede Nacht im Schlafzimmer bleiben.

"Ich kann gar nicht mehr einschlafen, wenn sie nicht da ist", jammert dann Frauchen und ruft nach mir, – was ich natürlich geflissentlich überhöre. Schließlich bin ich kein Welpe mehr. Ich bin erwachsen und kann schlafen wo immer ich möchte. Manchmal ist es mir auf dem Teppich zu warm, manchmal haben meine Menschen noch ewig das Licht an und quasseln, wenn ich schon schlafen will und manchmal schnarcht Herrchen so sehr, dass sogar Frauchen ihr Bettzeug packt und ins Wohnzimmer umzieht.

Mit zunehmender Körpergröße habe ich es übrigens eines Tages geschafft, auf das Bett zu klettern. Ich war ja so stolz auf diese Leistung!

"Kira, runter!", schimpfte Herrchen und zeigte auf den Boden.

Ich tat, als hätte ich nichts gehört und bewunderte die Aussicht, die man vom Bett oben hatte. Toll!

"Kira, runter!", wiederholte Herrchen leicht gereizt und klopfte energisch auf den Fußboden.

Bestimmt liegt es sich hier oben herrlich, dachte ich, und streckte mich genüsslich auf den weichen Schlafdecken meiner Menschen aus.

"Kira, runter!", befahl Herrchen zum dritten Mal. Ich schloss die Augen, und tat, als ob ich schliefe.

Herrchen verlor nun Geduld und gutes Benehmen und schob mich kurzerhand vom Bett.

"Kira, das darfst du nicht!"

Ich war beleidigt. Warum sollte ich nicht im Bett liegen dürfen? Ich verzog mich schmollend auf meinen Platz und nahm mir vor, Herrchen für den Rest des Tages zu ignorieren. Er würde schon sehen, was er davon hatte!

"War schon richtig so", lobte ihn Frauchen unnötigerweise. "Wenn wir es einmal erlauben, dann liegt sie immer im Bett."

Warum auch nicht? Ich habe gehört, dass es Hunde gibt, die sogar nachts dort schlafen dürfen! Doch meine Menschen blieben bei ihrer Meinung.

"Sie hüpft sonst auch mit dreckigen Pfoten hinein", rechtfertigte Herrchen dieses Verbot, "denn wie soll sie wissen, dass sie es dann nicht darf?"

"Und die vielen Haare", ergänzte Frauchen, "und irgendwann wird sie läufig."

Ausreden, nichts als Ausreden. Die Menschen wollten ihren Schlafplatz nicht mit mir teilen, so sehe ich das. Manchmal kletterte ich trotzdem ins Bett. Um Herrchen zu wecken, wenn er ausschlafen wollte, oder gaaanz heimlich, wenn Frauchen ein Mittagsschläfchen hielt. Ich legte mich dann vorsichtig neben sie und rührte mich nicht. Sie hat nie etwas gemerkt.

Ein Hund hat es eben nicht einfach, vor allem dann, wenn er noch ein unbedarfter Welpe ist. Man wird ungefragt in Situationen gebracht, denen sich niemand freiwillig aussetzten würde. Der Mensch denkt sich etwas aus, und schon steckt Hund bis zum Kragen in Unannehmlichkeiten. Das glaubt ihr nicht? Dann erzähle ich euch einfach folgende Geschichte, die eigentlich ganz harmlos begann.

Ich war erst zwei Wochen bei meinen Menschen, als sie mich eines Tages kurzerhand ins Auto packten. Frauchen und ich saßen hinten, denn dort hatten wir viel mehr Platz als vorne neben Herrchen.

Natürlich wusste ich nicht, wohin die Fahrt gehen sollte, aber ich war guter Dinge. Autofahren machte mir nämlich schon damals Spaß. Nach einer Weile waren wir am Ziel angelangt. Frauchen hob mich aus dem Wagen und befestigte die Leine am Halsband.

"Da müssen wir rein", sagte Herrchen und steuerte ein mir unbekanntes Haus an.

Drinnen angekommen, war ich noch immer guter Dinge. Es roch interessant, ganz so, als ob es hier Hunde gäbe. Vielleicht auch andere Tiere. Mal sehen. Wir kamen in einen Raum, in dem Stühle aufgestellt waren, auf denen Menschen saßen. Tatsächlich waren auch Hunde dort, ältere, die ganz ängstlich dreinschauten und überhaupt nicht spielen wollten.

"Warte nur ab, was sie mit dir machen werden, Welpe", warnte mich ein alter Rüde, der ganz weißes Fell hatte, das über und über mit schwarzen Punkten bedeckt war.

"Dies ist kein schöner Ort", brummte eine Schäferhunddame.

"Jetzt macht ihr doch keine Angst", piepste eine kleine Hündin mit Wuschelfell, *"ist gar nicht schlimm."*

"Soll ich euch erzählen, was mir hier passiert ist?", widersprach der gepunktete Rüde. Hätte mich schon interessiert, doch bevor er uns seine

Geschichte schildern konnte, zog ihn sein Mensch hinaus. Kurze Zeit später verließen uns auch die beiden Hündinnen. Ich begann, mich unwohl zu fühlen. Dann waren wir an der Reihe. Wir mussten in einen anderen Raum. Dort wartete ein fremder Mann auf uns, den meine Menschen freundlich begrüßten. Dann kann es ja gar nicht so schlimm werden, dachte ich noch und war wieder guter Dinge. Ich sah mich neugierig um. Moment, was war das? Ich hatte diesen Metalltisch entdeckt, den ich von früher kannte. Mir schwante Übles.

"Wir wollen sie nur mal durchchecken lassen", sagte Herrchen. Der Fremde grinste mich fies an.

Ich wurde ungefragt auf den Tisch gesetzt, der Mann tastete mich ab, schaute mir ins Maul und in die Ohren.

"Sieht gut aus", meinte er schließlich.

"War doch halb so schlimm, Kira", sagte Frauchen und kraulte mich am Hals.

"Was würdest du denn sagen, wenn man dir ins Maul langt", ereiferte ich mich und verweigerte den Keks, den sie mir vor die Nase hielt.

"Wir sehen uns in zwei Wochen zum Impfen", verabschiedete uns der Fremde.

"Ich komme dann nicht mit", erklärte ich.

Anscheinend hatte mich niemand verstanden. Zwei Wochen später saß ich auf dem Metalltisch und diesmal war es richtig gemein. Da wurde ich wieder mit diesem spitzen Dings gepiekst, und nicht nur einmal!

"Die zweite Spritze ist zur Stärkung des Immunsystems", sagte der Mann. Ich hatte die Schnauze gestrichen voll und schwor, nie wieder zu diesem Fremden mit dem Metalltisch zu gehen.

"Der nächste Impftermin ist in einem Jahr", meinte Frauchen später, "dann müssen wir wieder zum Tierarzt."

"Darauf kannst du lange warten", entgegnete ich kategorisch.

6 Freud und Leid des Gassigehens

Erst dachte ich ja, dieses Gassi diene lediglich dazu, seine Geschäfte draußen zu erledigen, um Wohnung und Garten sauber zu halten. Anfangs habe ich es ja gerade einmal geschafft, aus unserem Hof hinaus bis an den Grünstreifen des angrenzenden Weges zu rennen und mich dort schleunigst hinzuhocken. Ich persönlich hätte übrigens niemals freiwillig auf zugepflastertem Untergrund gemacht, denn die nächste Hunderegel besagt, dass solche Angelegenheiten am besten auf weichem, gut saugenden Untergrund zu erledigen sind. Ist doch logisch, wer steht schon gerne in seiner eigenen Pfütze? Meine Menschen unterstützten mich, indem sie mich zu geeigneten Plätzen führten. Wenn ich ein größeres Geschäft gemacht hatte, passierte etwas Komisches: "Kira, warte", hieß es, "wir müssen das noch wegputzen."

Mein Haufen wurde in ein knisterndes Tütchen gepackt und in den nächsten Mülleimer geworfen. Insgeheim fand ich es immer sehr witzig, wenn Frauchen oder Herrchen diese stinkenden Beutel mit spitzigen Fingern vor sich hertrugen. Meine Menschen fanden es weniger lustig. Dennoch entfernten sie meine Hinterlassenschaften mit großer Sorgfalt.

"Hundehaufen haben dort, wo Leute wohnen, nichts zu suchen", erklärte Frauchen. Erst recht nicht auf der Straße oder auf dem Gehweg. Selbst ich ärgere mich über willkürlich gesetzte Haufen an Orten, an denen ich nicht damit gerechnet habe. Es geht ja so schnell, dass man aus Versehen in irgendetwas tritt und hinterher die Füße gewaschen bekommt, damit nicht die ganze Wohnung stinkt.

Unsere Spaziergänge dienten aber nicht nur der Erledigung von dringenden Geschäften, sie erweiterten auch meine Ortskenntnis.

"Komm Kira, wir gehen noch ein Stück", sagte Frauchen dann und zog an der Leine, die wie immer an meinem Halsband festgemacht war.

Na gut, dachte ich, es kann nicht schaden, ein wenig die Umgebung zu erkunden. Schon deswegen, weil ich im Hof und auf dem angrenzenden Weg Hundegeruch wahrgenommen hatte, dessen Ursprung ich nicht einordnen konnte. Schließlich war ich neu in der Gegend und kannte noch niemanden.

Unsere ersten Spaziergänge führten uns nur ein Stück den Weg vor dem Hofausgang hinauf und wieder zurück nach Hause.

"Welpen dürfen noch nicht lange spazieren gehen", sagte Frauchen, die von Anfang an besorgt war, mich ja nicht zu überfordern. Allmählich erweiterten wir unsere Strecke bis ums nächste Eck herum, und schließlich schafften wir eine ganze Runde durch unserer Wohngebiet! Ich hatte ja noch nie so viele Häuser auf einmal gesehen, oder Autos, die am Straßenrand parkten. Ein wenig störte mich, dass die Wege, auf denen wir gingen, asphaltiert waren. Gras hätte mir besser gefallen, doch die Grünflächen im Wohngebiet sind meistens eingezäunt und heißen "Garten". Spielen durfte man dort nicht. Manchmal versperrten Hindernisse unseren Weg: Fahrräder, riesengroße Mülltonnen oder merkwürdige Plastiksäcke, die achtlos am Straßenrand lagen. "Altkleidersammlung", sagte Frauchen. Solche Dinge irritierten mich anfangs, vor allem, wenn wir ganz nah daran vorbei mussten. Im Zweifelsfall ließ ich dann meine Menschen vorangehen, um die Lage zu prüfen. Frauchen klopfte auf Mülleimer, um zu testen, ob ich gefahrlos passieren konnte, klatschte auf Altkleidersäcke, um deren Harmlosigkeit zu demonstrieren und tat furchtbar mutig, wenn wir uns durch irgendeine Engstelle quetschen mussten. Ich erkannte rasch, dass ich keine Angst zu haben brauchte, wenn ein Hindernis auftauchte.

Ich lernte viel während dieser Gassirunden. Zum Beispiel "auf dem Weg" zu bleiben. Das bedeutet, dass ich nicht auf der Straße laufen darf, sondern auf diesem leicht erhöhten viel schmaleren Streifen am Rand. "Schnell über die Straße", heißt es, wenn wir den Gehweg verlassen, um auf die andere Seite zu gelangen. Einmal trat ich in so ein gitterartiges Metallding, das Gully genannt wird, und klemmte mir die Pfote ein. Anschließend lernte ich "drum herum" zu gehen.

Ich fand diese Spaziergänge damals sehr aufregend. So viele neue Eindrücke! Am besten waren die Fundstücke, die man unterwegs aufsammeln konnte.
"Kira nein!", sagte Frauchen, als ich den hellen, stoffähnlichen Fetzen aus dem Gebüsch zog, "das ist ein altes, gammliges Tempo. Igitt."
"Ich möchte es aber behalten", erwiderte ich, "das ist Beute!"
Doch Frauchen war anderer Meinung.
"Gib das her", forderte sie und pulte mir den Fetzen aus dem Maul.
"Kira, aus!", bekräftigte sie streng, während ich die Zähne fest zusammenbiss. Aber Frauchen war erfolgreich, nahm mir die Beute und warf sie zurück ins Gebüsch.
"Pfui, das ist ja ekelhaft. Was die Leute alles wegschmeißen!"
Ich war schon ein wenig enttäuscht über Frauchens Reaktion, doch durch diesen kleinen Zwischenfall wollte ich mir nicht die gute Laune verderben lassen. Außerdem hatte ich etwas Neues entdeckt, dort, auf der anderen Seite des Weges. Nichts wie hin, Frauchen an der Leine hinterher. Aha, dachte ich, wenn ich an der Leine ziehe, kommt Frauchen umgehend nach. Interessant. Darüber würde ich noch nachdenken müssen. Zunächst aber war meine Aufmerksamkeit durch ein wohlriechendes, zusammengeknülltes Papierteil geweckt. Ob das wohl genauso gut schmeckt, wie es riecht, fragte ich mich und schleckte probehalber. Hmm, nicht schlecht. Doch bevor ich das Papierstück fressen konnte, hatte Frauchen es an sich gerissen.
"Kira, pfui! Das ist eine alte Kartoffelchipstüte. Du bist doch kein Müllschlucker!"

Später fand ich noch eine leere Zigarettenschachtel, die ich auch nicht behalten durfte und ein komisches zylinderförmiges Metallding, das Frauchen als "Bierdose" bezeichnete. Diese Bierdose bekam ich allerdings nicht in die Schnauze, sondern konnte sie lediglich mit der Nase anstupsen, so dass sie ein Stück weit den Weg hinunter rollte. Toll! Frauchen war genervt.

"Die findet *jeden* Müll!", erzählte sie abends Herrchen, "wir könnten sie beim städtischen Ordnungsamt für die Abfallentsorgung anmelden."

Herrchen grinste und in mir keimte die Hoffnung, dass er mehr Verständnis für meine Beutezüge haben würde. Als wir abends alle drei zusammen Gassi gingen, fand ich wieder etwas Hübsches. Es schmeckte süß und knisterte, wenn man darauf herumbiss.

"Was hat sie nun schon wieder?", fragte Frauchen.

"Kira, aus!", sagte Herrchen.

"Such dir doch selber so ein Knisterteil. Schmeckt gut", meinte ich kauend.

Aber Herrchen hatte sich anscheinend in den Kopf gesetzt, ausgerechnet meine Beute haben zu wollen.

"Kira, aus!" sagte er wieder. Ich biss die Zähne zusammen. Herrchen schnappte mich am Kragen.

Vor lauter Überraschung wegen dieser, wie ich fand, groben Zurechtweisung, fiel mir mein Knisterteil aus dem Fang.

"So ist es brav, Kira", lobte Herrchen nun, "brav aus!"

"Bonbonpapier", stellte Frauchen fest, während ich mich ernsthaft wunderte, warum ich gelobt wurde. Weil ich meine Beute verloren habe? Möglich, – aber sicher war ich mir noch nicht.

Auch das folgende Spätabendgassi brachte keine Gewissheit. Ich fand dieses Ich-weiß-nicht-was-es-war. Es fühlte sich weich und schleimig an und schmeckte köstlich. Als Herrchen sah, dass ich kaute, stürzte er sich auf mich, packte mich wieder am Kragen, schüttelte und rief "Kira, aus!" Eigentlich hatte ich ja ausprobieren wollen, ob ich wieder gelobt werde, wenn ich meine Beute hergebe, doch dieses Ich-weiß-nicht-was schmeckte einfach viel zu lecker. Ich kaute schneller. Herrchen griff mir kurzentschlossen ins Maul. Unangenehm. Aber er erwischte einige Reste, die ich noch nicht hatte schlucken können und warf sie auf die Straße. Es gab ein klatschendes Geräusch.

"Was war das denn?", fragte Frauchen .

Herrchen würgte. "Mir ist schlecht".

Ich würgte auch, weil Herrchens Hand meinem Gaumen gereizt hatte.

"Ihr beide gebt ein reizendes Bild ab", kommentierte Frauchen grinsend, doch weder Herrchen noch mir war nach Scherzen zumute.

"Dem Geräusch beim Aufklatschen zufolge war es Schnecke", analysierte Frauchen die Reste meiner Beute auf der Straße, "aber es ist zu dunkel, um es genauer zu sehen."

In Zukunft passten meine Menschen sorgfältig auf, womit ich mich unterwegs beschäftigte, und riefen "Kira, nein!", wenn ich etwas ins Maul nehmen wollte, und "Kira, aus!", wenn ich es trotz aufmerksamer Überwachung geschafft hatte. Gab ich meine Beute freiwillig her, wurde ich gelobt und bekam als Ausgleich einen Keks. Meine Menschen waren zufrieden, und auch ich konnte mit diesem Arrangement leben.

So drehten wir gutgelaunt unsere kurzen Runden durchs Wohngebiet, und obgleich ich bald schon jeden Zaun und jeden Strauch dort kannte, kam mir gar nicht die Idee, dass Gassigehen auch anders sein könne. Bis zu jenem Abend, an dem sich folgendes zutrug:

"Was meinst du, schaffen wir es bis aufs Feld?", fragte Herrchen, und Frauchen nickte.

"Versuchen kostet nichts. Wenn es zu anstrengend wird, müssen wir sie halt tragen."

Wie? Tragen? Etwa mich? Kein Gedanke. Ich fühlte mich gesund und stark genug, um tagelang zu laufen! Was genau wir an diesem Abend vorhatten, wusste ich nicht, aber als meine Menschen statt der gewohnten Runde einen ganz anderen Weg einschlugen, folgte ich vergnügt. Wir gingen länger als sonst, doch ich kann euch versichern, die Mühe hat sich gelohnt! Bald hatten wir die letzten Häuser hinter uns gelassen. Stellt euch vor, keine stinkenden Straßen, keine verbotenen Gärten, keine Mülleimer. Stattdessen Grünzeug und Erde, so weit ich sehen konnte. Und wie es hier duftete! So viele Hundespuren hatte ich noch nie gerochen! Ich war bester Laune. Wir stromerten einen grasbewachsenen Feldweg entlang. Plötzlich überkam es mich, und ich rannte, was das Zeug hielt, Frauchen an der Leine hinter mir herziehend. Herrlich, im Gras zu laufen oder über die bloße Erde. Vom vielen Asphalt hatte ich schon ganz wunde Pfoten. Und wenn man durch hohes Gras läuft, kitzelt es ganz wunderbar am Bauch. Ich war glücklich! Fortan beschloss ich, nur noch auf Wiesen und Feldern Gassi zu gehen.

Da gab es nur ein kleines Problem: Meine Menschen waren der festen Überzeugung, dass mich häufige lange Spaziergänge überanstrengen würden. Sie taten besorgt und faselten etwas von empfindlichen Gelenken und dass ich noch nicht belastbar sei und krank werden könnte.

"Ich kann sie doch nicht immer tragen", sagte Frauchen, "dazu wird sie langsam zu schwer."

Später, wenn ich etwas älter wäre, hieß es, würden wir nur noch ganz tolle Ausflüge im Grünen machen. Vorerst aber war fast alles zu weit und zu viel für mich, mehrmals täglich auf die Felder kam nicht in Frage, und ich sollte weiter meine kurzen Runden im Wohngebiet drehen. Wie langweilig! Schließlich wusste ich ja, dass es Besseres gab. Ich fühlte mich gut und forderte schon jetzt die tollen Spaziergänge im Grünen. Warum also warten, bis ich älter war? Dummerweise wurde ich anfangs immer an der Leine festgemacht und konnte nicht frei entscheiden, wohin ich gehen wollte. Ich entschloss, zu streiken. Gingen wir aufs Feld, lief ich vergnügt voraus, schlugen meine Menschen die kleine Runde durchs Wohngebiet ein, legte ich mich einfach hin.

"Komm Kira, schön laufen." Frauchen versuchte es mit freundlicher Überredung.

"Gehen wir auf die Felder?", erkundigte ich mich.

"Los, nur eine kleine Runde."

"Nein, will ich nicht!", meinte ich und rollte mich auf den Rücken.

Warum haben Menschen bloß immer so eine lange Leitung?

"Ich dachte immer, Hunde gehen gerne Gassi", wunderte sich Frauchen, "warum ausgerechnet *dieser* Hund nicht?"

"Ich gehe gerne Gassi. Aber nur im Grünen", erklärte ich.

"Spaß macht das keinen", beschwerte sich Herrchen, der immer sauer wurde und schimpfte, wenn ich nicht laufen wollte. Aber mit Schimpfen erreichte er bei mir gar nichts. Ich wollte keine kleinen Runden mehr drehen, und dabei blieb es. Natürlich ließ ich mich ein Stückchen locken, wenn Frauchen mir einen Keks vor die Nase hielt, aber nur so lange, bis ich den Keks tatsächlich bekommen und gefressen hatte. Dann legte ich mich wieder hin.

"Ist der Hund krank?", fragte uns ein alter Mann, als ich wieder einmal auf dem Gehweg lag.

"Nein, wir machen nur eine Pause", erklärte Frauchen, der die Situation sichtlich peinlich war.

Selber schuld, dachte ich und guckte leidend.

Manchmal versuchte Frauchen, mich durch Ziehen an der Leine zum Weitergehen zu bewegen. Das war vielleicht lästig! Dann zog sie so lange, bis mir gar nichts anderes übrig blieb, als aufzustehen und weiterzugehen. Ein paar Schritte wenigstens, um Frauchen in Sicherheit zu wiegen. Dann legte ich mich wieder hin. Die Leute, die an uns vorbei gingen, lachten.

"Na, will sie wieder nicht?", fragte eine Frau.

"Das ist aber ungewöhnlich", meinte eine andere.

Ich schaute bekümmert und Frauchen zuckte mit den Schultern.

"Ich weiß auch nicht, was ich tun soll."

Der alte Mann, der gefragt hatte, ob ich krank sei, erkundigte sich erneut, ob mir auch wirklich nichts fehlte.

"Nein", sagte Frauchen, "sie ruht sich nur aus."

Ich fand, es geschah meinen Menschen ganz recht, dass sie sich blamierten. Vielleicht würden sie auf diese Weise irgendwann kapieren, wie einfach die Lösung dieses Problems war. Ich jedenfalls war gespannt.

7 Welpenspiele

Neben unseren für meinen Geschmack viel zu kurzen Gassigängen und ausgiebigen Schlafpausen blieb jede Menge Zeit für allerlei Aktivitäten. Welpen wollen beschäftigt sein, das war meinen Menschen rasch klar, und so verbrachten wir reichlich Zeit mit Spielen. Ich liebte Raufspiele, so wie früher mit meinen Geschwistern, ihr wisst schon, balgen und über den Boden kugeln, um zu sehen, wer der Stärkere ist. Dabei zeigte sich schnell, wie wehleidig Menschen sind.

"Au!", quiekte Frauchen. Dabei hatte ich ihr ganz behutsam in die Finger gebissen.

"Ich bin ganz zerkratzt", jammerte Herrchen, "das mit der Beißerei ist richtig lästig!"

Ich konnte daran gar nichts ändern. Ich hatte nun einmal meine scharfen Milchzähne und Welpen *beißen* an allem herum: an ihren Spielsachen, ihren Freunden und auch an den Händen ihrer Menschen.

"Wie kleine Kinder", fand Frauchen, "müssen auch alles in den Mund nehmen."

Was sollen wir denn sonst tun? Hunde haben schließlich keine Hände! Apropos Spielsachen, – die braucht Hund natürlich auch. Mein Kauseil zum Beispiel war überaus vielseitig einsetzbar: zum Zernagen, für Zerrspielchen, aber auch einfach so zum Herumtragen. Dinge herumtragen mochte ich nämlich schon immer, so sind wir Retriever einfach. Deswegen bekam ich von meinen Menschen zusammengerollte Socken, die sich nebenbei auch prima zum Ballspielen eigneten. Für Zerrspiele und auch fürs Räuberspiel waren alte Geschirrhandtücher nützlich. Die wurden zusammengeknotet und siehe da, fertig war das Spielzeug. Frauchen und ich tobten durch Wohnung und Garten, uns gegenseitig

Sockenbälle und Geschirrtuchbeute abjagend. Davon konnte ich gar nicht genug kriegen.

Manchmal aber hatten meine Menschen keine Lust zum Spielen.
"Ich habe noch zu tun", sagte Frauchen dann.
"Ich bin müde", erklärte Herrchen. Doch mit solchen fadenscheinigen Ausreden konnten sie mir nicht kommen! Alleine spielen war nun mal langweilig, da nützte auch das tollste Spielzeug nichts.
Gut, meistens ließen die Menschen sich rasch überreden, obwohl Frauchen immer sagte, dass Mensch, nicht Hund ein Spiel beginnen und beenden soll. Sie faselte etwas von "Dominanzverhalten", aber was sie damit meinte, weiß ich nicht. Wenn ich Lust zum Spielen hatte, forderte ich eben meine Menschen dazu auf, mitzumachen. Gewöhnlich machten sie mit, Frauchens klugen Worten zum Trotz.
Es ist, wie in vielen Dingen, eine Frage der Vorgehensweise. Eines war mir schon damals klar: Man erreicht bei den Menschen fast alles, wenn man weiß wie. Dazu ist es nötig, seine Menschen genau zu studieren, sie haben ihre Schwachstellen, garantiert, und die zu finden ist gewöhnlich nicht schwer. Nicht einmal für einen Welpen. Oft reicht es schon, treuherzig zu gucken.
"Sie ist ja so putzig", sagte Frauchen, wenn ich schwanzwedelnd vor ihr saß.
"Spielst du mit mir?"
"Was willst du denn?"
"Spielen!" Ich wedelte heftiger und guckte noch putziger.
"Willst du spielen?"
"Sag ich doch."
Also spielten wir. Das klappte fast immer, ehrlich!

Hin und wieder musste ich mich trotzdem alleine beschäftigen. Bisweilen war das sogar sehr nützlich, denn manche Dinge erledigen sich besser, wenn man dabei ungestört ist. Gartenarbeit zum Beispiel. Der Ärger begann praktisch in den ersten Tagen unseres Zusammenlebens. Zunächst war ich der Meinung, unser Garten würde an Ausstrahlung nur gewinnen, wenn man das gleichmäßige Grün des Rasens durch einige wohlgesetzte Löcher auflockerte. Doch insbesondere Herrchen war von meinen Verbesserungsvorschlägen nicht zu überzeugen. Ich grub ein schönes neues Loch, er machte es wieder zu.
"Wo ist eigentlich die ganze Erde, die der Hund immer ausgräbt?", fragte er manchmal und Frauchen zuckte ratlos mit den Schultern.
"Die mit den Graswurzeln drin habe ich gefressen", versuchte ich durch freundliches Schwanzwedeln zu erklären.

Inzwischen ist Herrchen mir dahingehend entgegengekommen, dass er meine Löcher nicht mehr zugräbt, sondern große Steine darauf platziert. "Wenigstens kann sie jetzt *hier* nicht mehr graben!" Nicht ganz so hübsch wie meine Buddelstellen, aber auch ganz nett, finde ich.

Frauchen hat sich im Garten an einer Stelle, an der man nicht spielen kann, weil es zu steil ist, etwas angelegt, das sie "Steingarten" nennt. Dort hat sie wild durcheinander Pflanzen und Steine hineingesetzt, wohl in der Hoffnung, dass beides wächst. Eines verstand ich aber wirklich nicht: Warum sah sie nicht ein, dass diese Büschel von Blaugras überhaupt nicht zum restlichen Arrangement passten? Immer wieder zupfte ich diese Dinger heraus. Frauchen pflanzt sie hartnäckig wieder ein.

Ich habe gehört, dass manche Welpen wirklich *alles* annagen: Möbel, Wände, Teppiche, Schuhe und andere Dinge, die ihre Menschen achtlos herumliegen lassen. Oft tun sie es aus Langeweile, oder weil sie alleine gelassen werden, oft auch nur weil es Spaß macht. Ich konnte ja nicht ahnen, dass sich die Tapete im Flur so leicht von der Wand reißen lässt, als ich versuchsweise daran schleckte. Herrchen hat diese Stelle später mit weißer Farbe angemalt. Und woher hätte ich wissen sollen, dass die Pappordner, in denen meine Menschen im Arbeitszimmer alte Zeitschriften aufbewahren, nicht zum Fressen gedacht sind?

Ein Hundefreund von mir hat das Handy seines Herrchens zerbissen, – eine gute Idee, wie ich finde, denn auch ich kann es nicht leiden, wenn meine Menschen telefonieren. Dann sprechen sie in dieses knochenförmige Gerät und haben es furchtbar wichtig. Diese Zeit könnte man sinnvoller nutzen, finde ich. Zum Spielen beispielsweise. Aber das nur am Rande. Ich für meinen Teil war damals weit weniger zerstörerisch. Netterweise bekam ich immer Knabberzeug, das ich zernagen durfte. Ihr wisst schon, kleine Kauknochen aus Büffelhaut oder auch diese Kauröllchen, die als Extra noch eine leckere Milchfüllung enthalten. Letztere mag ich heute nicht mehr. Ist eben Welpenkram, nichts für erwachsene Hunde. Das Bedürfnis, überall herumzunagen lässt übrigens nach, wenn man richtige Zähne bekommt. Ich bin ja ganz schön erschrocken, als mir der erste Zahn ausgefallen ist. Was, wenn ich alle anderen auch verliere? Dann wäre ich ja völlig hilflos! Meine Sorgen erübrigten sich, als ich merkte, dass neue Zähne nachwuchsen, viel größer und schöner als die Milchzähne. Weil mir während des Zahnwechsels dauernd das Zahnfleisch juckte, kaute ich noch eifriger an den Händen meiner Menschen herum. Frauchen hat übrigens versucht, meine herausgefallenen Babyzähne zu sammeln. Drei Stück hat sie erwischt. Was mit den restlichen passiert ist, weiß ich nicht. Ob ich die verschluckt habe?

8 Lektionen

"Dieser Hund muss unbedingt etwas lernen", sagte Herrchen.
Frauchen hatte stapelweise Bücher herangeschleppt, in denen sie eifrig blätterte. Ab und zu warf sie mir einen kritischen Seitenblick zu. Ich wedelte dann immer freundlich mit dem Schwanz.
"Der Hund sitzt links neben ihnen", las Frauchen laut. "Sie halten die Leine in beiden Händen und gehen, mit dem linken Fuß zuerst, los. Gleichzeitig sagen sie "Fuß" und rucken kurz an der Leine."
"Und dann?", fragte Herrchen, der mit halbem Ohr zugehört hatte, "warum muss der Hund denn gerade links von mir sitzen?"
"Keine Ahnung. Auf jeden Fall gehst du los, und der Hund tut genau das Gleiche."
"Welcher Hund? Dieser da bestimmt nicht." Herrchen guckte skeptisch.
"Wahrscheinlich hat der Hund das Buch noch nicht gelesen." Schlaues Herrchen, dachte ich schwanzwedelnd.
"Die schreiben, dass es sein kann, dass der Hund zunächst nach vorne stürmt, und man ihn dann durch ein kurzes Rucken an der Leine zurückhalten soll", erklärte Frauchen, "oder einfach stehen bleiben."
"Unser Hund stürmt nicht nach vorne", bemerkte Herrchen ganz richtig. "Unser Hund läuft überhaupt nicht!"
"Hier steht nicht, was zu tun ist, wenn sich der Hund stattdessen hinlegt", sagte Frauchen nachdenklich.
Doch ganz so leicht konnte ich mich nicht aus der Affäre winden. Sollte ich eben zuerst etwas anderes lernen.
Als das nächste Mal Futterzeit war, stellte Frauchen den Napf nicht sofort auf den Boden, sondern hielt ihn mir unter die Nase.
"Kira, sitz!"
Frauchen sprach dieses Wort gaaanz deutlich.
"Kira, sitz!"
Ich stand vor ihr und wedelte mit dem Schwanz, weil ich mich freute, dass es nun etwas zum Fressen gab.
"Kira, sitz!" Frauchen beugte sich zu mir herab und drückte mein Hinterteil behutsam nach unten.

"Brav. Kira, das ist "sitz"."
Aha, interessant, dachte ich, wie ich so dahockte und versuchte, nicht mit den Hinterbeinen auf den rutschigen Fliesen wegzugleiten.
Und wozu soll das gut sein?"
Frauchen stellte nun meinen Napf auf den Boden.
"Brav. Und nun friss."
"Sitz" heißt also, dass umgehend Futter serviert wird, dachte ich, während ich meine Kringel verputzte. Das merkte ich mir, und als Frauchen wieder mit dem Napf kam, setzte ich mich probeweise gleich einmal hin.
"Brav sitz. So ist es richtig", lobte sie und stellte mir meinen Napf vor die Nase.
"Jetzt lass es dir schmecken." Sehr schön. Es funktionierte!

Später hielt Frauchen mir einen Keks vor die Nase. "Sitz."
"Was soll das nun wieder", wollte ich wissen, *"und wo ist mein Napf?"*
"Kira, sitz!", wiederholte Frauchen und winkte mit dem Keks! Gleichzeitig hob sie den Zeigefinger der rechten Hand. Ich dachte nach. "Sitz" hatte ich ja schon gehört, aber was sollte das Handzeichen bedeuten?
Probeweise setzte ich mich. Tatsächlich! Ich wurde gelobt und bekam mein Leckerli.
"So ist es brav."
Ich mampfte den Keks und stellte mich wieder hin.
"Kira, sitz", sagte Frauchen abermals und hob den Finger. Ich überlegte was zu tun war, und kam zu dem Schluss, es noch einmal mit hinsitzen zu versuchen. Es funktionierte! Kaum saß ich, bekam ich einen Keks und wurde gelobt. Mir war sofort klar, dass da mehr dahinter stecken musste. Mal sehen, ob das wirklich so gut klappte. Ich stand also auf, lief ein paar Schritte, um mich dann wieder direkt vor Frauchen hinzusetzten. Die hat sich vielleicht gefreut!
"Ja brav sitz, Kira! Bist ein schlaues Mädchen!"
Ich bekam meinen dritten Keks. Seitdem weiß ich: Wenn ich einen Keks möchte, dann muss ich mich hinsetzten. Meistens klappt es. Nur manchmal, da haben die Menschen wohl gerade kein Leckerli zur Hand, da soll ich auch ohne sitzen. Ich denke mir aber, dass es nicht schadet, ihnen hin und wieder diese kleine Freude zu machen.

Dann meinte Herrchen, er müsse die Sache mit dem Keks, den man bekommt, wenn man sitzt, verkomplizieren. Eines Abends, ich war gerade damit beschäftigt, mein Kauseil zu zernagen, hockte er sich zu mir auf den Boden. Ich setzte mich vor ihn, weil ich auf ein wenig Gebäck spekulierte. Tatsächlich zückte Herrchen einen Keks, aber statt ihn mir zu geben, hielt er ihn mit der einen Hand fest und streckte mir die andere erwartungsvoll entgegen.

"Kira, gib Pfoti!"

Er blickte mich ganz gespannt an, so als ob er auf irgendetwas warten würde. Den Keks rückte er nicht heraus. Ich versuchte, ihn mir zu schnappen.

"Kira, nein. Los, gib Pfoti!" Noch immer hielt mir Herrchen seine Hand entgegen.

"Was willst du denn?", überlegte ich, und stupste ihn mit der Nase an der entgegengestreckten Hand.

"Kira, gib Pfoti!"

Herrchen nahm meine eine Pfote, hob sie hoch und legte sie in seine Hand. "Kira, gib Pfoti!" Gleichzeitig bekam ich meinen Keks.

Das Spiel begann von vorne. Herrchen hielt mir seine Hand entgegen und wollte, dass ich "Pfoti gebe". Dann legte er meine Pfote in seine Hand, schüttele sie kurz und gab mir einen Keks. Da war mir klar, was er von mir wollte: Man bekommt nicht nur fürs Sitzen einen Keks, sondern auch, wenn man seinen Menschen mit der Pfote anstößt. Das ist für einen Hund eine sehr einfache Übung. Wenn ich heute einen Keks möchte, dann setzte ich mich erst einmal hin. Passiert nichts, hebe ich eine Pfote. Meistens funktioniert es, – wirklich. Meine Menschen lernen manche Dinge überraschend schnell.

9 Ein Schreck fürs Leben

Schon während unserer ersten Ausflüge in die Welt jenseits von Heim und Garten war mir aufgefallen, dass ich auf manche Menschen, die wir unterwegs trafen, eine ganz eigenartige Wirkung hatte. "Ach ist die süüüß!", riefen diese Menschen und kamen mit ausgebreiteten Armen auf mich zu.

"Ich darf sie doch streicheln", sagten manche, und schon wurde ich gehätschelt und geknuddelt, ob es mir nun passte, oder nicht. Herrchen und Frauchen ließen es geschehen und waren stolz wie die Schneekönige, weil jeder mich mochte. Kein Tag verging, an dem ich nicht im Mittelpunkt stand. Leute trafen wir schließlich überall: bei uns im Hof, auf der Straße, im Wohngebiet, ja sogar draußen auf den Feldwegen. Ich fühlte mich geschmeichelt, bei den Menschen so beliebt zu sein, doch ich habe nie verstanden, warum mich alle gleich anfassen mussten. Schließlich war ich völlig unerfahren im Umgang mit Menschen. Schon mein neues Leben mit Frauchen und Herrchen in unserem gemischten Menschen-Hunderudel bereitete mir genug Schwierigkeiten. Vielleicht lag es daran, dass ich während meiner ersten Lebenswochen wenig Kontakt zur Außenwelt gehabt hatte? Ihr erinnert euch, wir waren gemütlich und warm in unserem Stall untergebracht, und nicht daran gewöhnt, von irgendwem beachtet zu werden. Meine letzte Woche dort hatte ich sogar ohne meine Geschwister verbracht. Ein funktionierendes Rudelleben kannte ich kaum. Daher verwirrte mich die Zudringlichkeit der fremden Leute auf der Straße zusehends. Ich fühlte mich unbehaglich, wenn Fremde, die mich "süüüß" fanden, mit mächtigen Schritten auf mich zustapften, ihre Arme ausbreiteten und mir schließlich den Kopf tätschelten. Was wollten die denn von mir? Sollte ich denen etwa allen vertrauen? Ich wusste ja noch nicht einmal, ob ich mich auf Frauchen und Herrchen verlassen konnte. Dann geschah etwas, das mich in meinem Argwohn bestätigte: Ich stellte nämlich fest, dass nicht alle Menschen nett sind. Ein Mann jagte mir einen riesigen Schrecken ein. Das war so: Erst sprach er freundlich mit mir und forderte mich auf, doch einmal näher zu kommen. Das tat ich dann auch ganz zutraulich und nichts Schlimmes ahnend. Als ich dicht vor ihm stand, bellte er mich an, so wie Menschen bellen, wenn sie Hunde imitieren wollen. Ich bin so erschrocken, dass ich einen Satz nach hinten machte. Als wir den Mann ein paar Tage später erneut trafen, spielte er ein ähnliches Spiel mit mir. Er rief mich freundlich zu sich. Ich dachte, ich gebe ihm noch eine Chance und tapste vorsichtig näher. Bei ihm angekommen, fing er an, mit seinem Schlüsselbund zu rasseln. Ich war verstört und traute mich nicht mehr über den Hof. Ich befürchtete damals, dem bellenden Mann oder anderen unangenehmen Zeitgenossen zu begegnen. Da blieb ich doch lieber sicher und geschützt zu Hause. Ich ließ mich fortan zwar die Treppe von unserer Wohnung bis zur Haustür hinauftragen, doch sobald man mich im Hof absetzte, lief ich keinen Schritt. Meine Menschen kapierten nun überhaupt nichts mehr.

"Das wird ja immer schlimmer", beschwerte sich Frauchen, "ich weiß gar nicht, was das jetzt wieder soll."

"Komm Kira, es passiert dir doch nichts. Brav laufen." Herrchen versuchte es mit freundlicher Überredung.

"Nein, ich will nicht!"

Warum haben Menschen bloß immer so eine lange Leitung?

"Vielleicht hat sie Angst, durch den Hof zu gehen?", mutmaßte Frauchen ganz richtig. "Aber warum?"

Herrchen nahm an, dass ich bloß schrecklich stur sei.

Weil Frauchen keinen anderen Ausweg wusste, trug sie mich fortan aus dem Hof hinaus und setzte mich erst vorne, am Weg, auf den Boden. Herrchen lachte mich aus, wenn Frauchen mich trug.

"So ein kleiner Babyhund", lästerte er, "kann nicht einmal selber laufen!"

Das war mir ganz schön peinlich, das könnt ihr mir glauben. Aber ich konnte damals nicht über meinen Schatten springen. Dafür nahm ich sogar Hohn und Spott in Kauf. Herrchen und Frauchen hatten die Nase gestrichen voll, mich dauernd tragen zu müssen, schon deshalb, weil ich an Gewicht so einiges zugelegt hatte.

"Du bist auch nicht mehr der kleine Hund, der du am Anfang mal warst", stöhnte Frauchen regelmäßig, und mich beschlich die leise Ahnung, dass sich Herrchen die Sache mit der Hundehaltung ganz anders vorgestellt hatte.

"Wir müssen uns etwas einfallen lassen", beschloss Frauchen.

Beim nächsten Gassi wurde ich nicht wie üblich aus dem Hof getragen, sondern vor der Haustüre abgesetzt. Dort hielt Frauchen mir einen Keks unter die Nase. Habe ich erwähnt, dass ich für einen Keks ziemlich viel riskieren würde?

"Kira, komm", lockte sie mich mit sanfter Stimme und ich war hin und hergerissen. Frauchen entfernte sich ein Stück, bis die Leine zwischen uns ganz gespannt war. Wieder winkte sie mit dem Keks.

"Willst du den haben?"

Na klar, meinte ich, überwand meinen Stolz und trabte auf Frauchen zu. Was glaubt ihr, was sie machte? Sie hielt mir doch tatsächlich wieder diesen Keks unter die Nase und ging, bis die Leine erneut ganz straff war. Dieses Spiel wiederholte sich, bis wir auf der anderen Seite des Hofes angekommen waren. Frauchen setzte sich auf die Bank, die dort steht. Ich bekam meinen Keks und gleich noch einen zweiten hinterher. Ich wusste ehrlich nicht, was davon zu halten war. Als wir zurück kamen, machten wir erneut Halt bei der Bank, und ich fand dort einen weiteren Keks. Beim nächsten Gassi war es genauso. Ich hatte verstanden. Es handelte sich um eine Zauberbank, die mich mit Keksen belieferte. Eine grandiose Entdeckung! Fortan besuchte ich die Keksbank so oft ich nur konnte. Herrchen und Frauchen waren sehr stolz auf mich. Meine Angst, nach draußen zu gehen, war völlig vergessen. Heute bin ich mir übrigens nicht mehr sicher, ob die ganze Sache nicht nur ein übler Trick war. Die Keksquelle der Bank ist nämlich längst versiegt.

Geblieben ist mir aus dieser Zeit eine gewisse Zurückhaltung fremden Menschen gegenüber. Herrchen und Frauchen haben damals, wie so oft, überhaupt nichts verstanden. Wenn ich auswich, weil jemand seine Hand nach mir ausstreckte, ermunterten sie mich, doch etwas näher zu kommen.

"Kira, schau", hieß es dann, "es passiert dir noch nichts."

"*Nöö*", meinte ich dann aus sicherer Entfernung, "*ich will nicht!*"

Genaugenommen verstand ich gar nicht, was meine Menschen durch ihr Zureden bezwecken wollten. Im Gegenteil, durch die freundlichen Worte fühlte ich mich in meinem Verhalten bestätigt. Schließlich konnten sie doch nicht allen Ernstes verlangen, dass ich wieder das Risiko auf mich nahm, erschreckt zu werden. Da nutzte es auch nichts, wenn der fremde Mensch ein Leckerli in der Hand hatte. Ich machte mich dann ganz lang, um den dargebotenen Keks zu erhaschen. Anfassen ließ ich mich trotzdem nicht. Ich spürte aber, dass Herrchen und Frauchen diese Angelegenheit sehr unangenehm war. Sie waren ratlos und wussten nicht, wie sie sich verhalten sollten. Das verunsicherte mich noch viel mehr. Außerdem war ich hin und hergerissen. Einerseits wollte ich nicht, dass mir Fremde zu nahe kamen, andererseits fand ich Menschen schon immer sehr interessant. Sie tun oft seltsame Dinge: in ihren Gärten wühlen, die Straße fegen, an ihren Autos basteln, und so weiter und so fort. Weil das damals alles neu für mich war, konnte ich nicht anders: Ich setze mich hin und gucke zu.

"Der Hund ist so was von neugierig...", beschwerte sich Frauchen bisweilen, "manchmal ist es richtig unangenehm."

Ich fand es unterhaltsam, und zwar so sehr, dass ich mich weder durch gutes Zureden noch mit Strenge zum Weitergehen bewegen ließ. Menschenbeobachten war wichtiger als rasch voranzukommen.

"... dann sitzt sie da und glotzt!", erzählte Frauchen. "Egal, was ich mache, es ist peinlich. Entweder stelle ich mich dazu und glotze auch, oder ich ziehe sie weiter. Dann aber schaltet sie auf stur und legt sich hin!"

Nebenbei bemerkt, Frauchen und Herrchen haben auf diese Weise sehr viele Leute kennen gelernt. Die wurden früher oder später auf uns aufmerksam, egal ob wir nun glotzten oder uns über das Weiterlaufen stritten. Die Menschen freuten sich dann und lachten, wenn sie uns sehen. Ich fand das sehr schön. Frauchen bestimmt auch, aber das würde sie nie zugeben. Menschen sind interessant, das hatte ich bald kapiert. Bis heute finde ich es toll, unter Menschen zu sein, selbst dichtes Gedränge in der Stadt stört mich kein bisschen.

Trotzdem möchte ich nicht grundlos angefasst werden, von jedem, dem im Vorübergehen gerade mal einfällt, wie süüüß ich doch bin. So einfach ist das.

Zugegeben, es gibt immer wieder Leute, zu denen ich sofort Vertrauen fasse und die mich streicheln dürfen, Frauen übrigens eher als Männer. Manchmal ist es auch so, dass ich einfach nicht über meinen Schatten springen kann, obwohl ich jemanden eigentlich gerne mag. Der Schreck sitzt einfach zu tief und ich kann halt auch nicht aus meiner Haut. Das kapierten auch Herrchen und Frauchen sehr schnell. Sie lernten "Nein" zu sagen. "Sie mag das nicht", heißt es inzwischen, wenn mich jemand anfassen will. Das finde ich gut so. Meine Unsicherheit legte sich, seit ich weiß, dass meine Menschen zu mir halten und mich so akzeptieren wie ich bin.

Dumm ist es nur dann, wenn die Leute gar nicht fragen, ob sie mich streicheln dürfen und mir einfach so auf den Pelz rücken. Da wissen auch Herrchen und Frauchen keinen Rat und mir bleibt nichts anderes übrig, als zurückzuweichen. Dabei gehört es sich wirklich nicht, einen fremden Hund ungefragt anzulangen, finde zumindest ich. Das zeugt von schlechten Manieren. Ich zum Beispiel begrüße Menschen mittlerweile ausgesucht höflich. Wenn mir jemand freundlich die Hand entgegenstreckt – "du kannst ja erst mal schnuppern" – erwidere ich diese Geste und gebe Pfoti. Ihr macht das doch auch so, oder?

10 Hier gibt es Hunde

Wir machten uns gerade auf den Weg, unseren abendlichen Lauf-ich-oder-lauf-ich-nicht-Kampf auszufechten, als uns auf dem Hof eine Frau entgegenkam. Die hatte ich früher schon gesehen, und ich vermutete, dass sie in einem der Häuser wohnte, die an unseren Hof angrenzen.
An diesem besagten Abend allerdings interessierte mich die Frau nur am Rande, denn neben ihr lief, – dreimal dürft ihr raten –, doch tatsächlich ein Hund! Mit schwarz-weißem Fell, damals genauso groß wie ich, allerdings ein wenig zierlicher und schlanker.
"So, jetzt lernt ihr euch auch einmal kennen", sagte die Frau, während die fremde Hündin mich vorsichtig beschnüffelte.

"*Prima, endlich jemand zum Spielen*", jubelte ich und hüpfte ganz aufgeregt um meine Artgenossin herum.

"Kira, das ist Bonny", stellte mein Frauchen uns vor, und ich hatte den Verdacht, dass sie schon längst wusste, dass es in unserer Nachbarschaft einen weiteren Hund gab. Ich hatte es ja lediglich geahnt, ihr erinnert euch: der Hundegeruch im Haus. Ich war erleichtert! Endlich kannte ich dessen Ursprung und zu meiner Zufriedenheit stellte ich fest, dass diese Bonny überhaupt nicht bedrohlich wirkte. Und sie wohnt tatsächlich in der Nähe, gleich nebenan, manchmal auch hier, in der Wohnung über uns. Das kommt daher, dass Bonny es sich aussuchen kann, wo sie gerade sein möchte: entweder bei ihrem Frauchen und dem Rudel oder aber bei ihrer Oma, die bei uns im Haus wohnt. Die schätze ich übrigens sehr, und ich glaube, sie mag mich auch, denn sie schenkt mir immer ganz viele Leckerli.

"Was für eine Rasse ist Bonny?", fragte Herrchen, "ich kann es mir einfach nicht merken."

"Ein Cavalier King Charles Spaniel", erklärte Bonnys Frauchen, und ich fand, dass sich das sehr vornehm anhörte.

"*Los, spiel mit mir*", forderte ich Bonny auf und hüpfte um sie herum.

"*Nö, ich mag nicht.*"

"*Na los, Spielen macht doch Spaß.*"

Meine Leine hinderte mich massiv daran, Bonny zu einem handfesten Kampfspiel herauszufordern, aber ich tat mein Bestes.

"Kira, nicht so wild", mahnte Herrchen.

"Lassen Sie sie nur", meine die Frau, "die müssen sich ja erst kennen lernen."

"*Hast du gehört Kira, nicht so wild*", maulte Bonny und versteckte sich hinter ihrem Frauchen. Ich natürlich hinterher, bis Herrchen mich wieder zu sich zog.

"Jetzt mach mal langsam", meckerte er.

"*Genau!*", meinte Bonny.

"*Komm da vor, wenn du dich traust!*", forderte ich.

"*Nein, ich will nicht.*"

"*Feigling, Feigling!*"

"*Rüpel, Rüpel!*"

"So, Kira, sag tschüß, wir müssen noch Gassi gehen. Ihr seht euch bestimmt bald wieder."

Prima, dachte ich, wahrscheinlich hat Bonny dann auch mehr Lust mit mir zu spielen. Auf jeden Fall war ich überglücklich, einen Hund kennen gelernt zu haben. Nun hielt ich beim Gassi gehen nach weiteren

Artgenossen Ausschau. Wo man einen Hund findet, sind bestimmt auch andere, dachte ich mir und machte mich auf die Suche. Duftmarken gab es schließlich genug, sogar im angrenzenden Wohngebiet. Erst recht natürlich draußen auf den Feldwegen, die wir inzwischen, zweifelsohne wegen meiner fortdauernden Liegestreiks im Wohngebiet, öfter ansteuerten. Dort lernte ich Toby kennen, einen charmanten West Highland-Rüden, der meinen Spielaufforderungen souverän nachkam und ein wenig mit mir herumtollte. Ich fand das sehr nett von ihm und hoffte inständig, dass wir Toby noch öfter begegnen würden. Dann traf ich eine Terrierhündin, die es aber nicht lustig fand, als ich sie zur ersten Kontaktaufnahme über den Haufen rannte.

"Unser Hund ist ein Rowdy", stellte Herrchen fest und weil er dabei grinste, denke ich, war es als Kompliment gemeint.

"Ich bin gespannt, ob ihr irgendein Hund die Grenzen aufzeigt, wenn sie so wild ist", fragte sich Frauchen. Was sie damit sagen wollte, verstand ich, als wir eine ältere Yorkshiredame trafen, die mich wüst anfauchte, als ich sie probehalber mit der Pfote anstieß.

"Schau, dass du weiterkommst", kläffte sie, *"sonst wirst du mich kennen lernen!"*

Ich war wirklich beeindruckt. Erstens hatte ich noch nie zuvor einen so winzigen Hund gesehen, und zweitens keimte in mir der Verdacht, dass nicht jeder auf meine Annäherungsversuche begeistert reagieren würde. Wie schade. Allmählich befürchtete ich, überhaupt keinen passenden Spielpartner zu finden. Bonny weigerte sich hartnäckig, mit mir herumzutoben. Bei unserer zweiten Begegnung begrüßte ich sie freudig und fing gleich mit Fangespielen an. Sie lief voraus, ich hinterher. Dann hatte ich Lust auf ein kleines Raufspielchen. Aber was soll ich sagen? Schon nach kurzer Zeit lag sie auf dem Rücken und gab sich geschlagen.

"Los, noch eine Runde!", forderte ich sie auf.

"Nein, du bist viel zu grob", nörgelte Bonny.

"Bin ich nicht. Wehr dich halt."

"Ich beiße doch keinen Welpen", protestierte sie. Dabei wusste ich ganz genau, dass Bonny nicht einmal ein halbes Jahr älter war als ich.

"Und jetzt beweg dich endlich von mir herunter, Fettsack!", forderte sie schließlich.

Das tat ich dann auch. Ich überlegte den ganzen Abend, was sie wohl mit "Fettsack" gemeint hatte.

Glücklicherweise waren meine Sorgen, keinen gleichgesinnten Hund zum Toben zu finden, völlig unbegründet.

Eines schönen Abends, wir waren gerade auf dem Nachhauseweg, kam uns ein kleines, schwarzes Etwas entgegengefetzt, eine Frau an der Leine hinter sich herziehend.

"Das dürfte Aika sein", sagte Herrchen, "ja, genau, es ist ein Cockerspaniel."

Die beiden mussten wohl schon von dieser Aika gehört haben, ich jedenfalls konnte mir nicht vorstellen, was ein Cockerspaniel sein sollte. Als das schwarze Etwas näher herangekommen war, sah ich klarer: Natürlich, es handelte sich um eine Hündin!

"Hallo, hallo!", hechelte sie noch ganz außer Atem, *"wollen wir spielen, ja? Los, lass uns spielen!"*

"Au ja, prima!", fand ich, und im Nu hatten wir uns ganz furchtbar in unseren Leinen verknotet. Ich hatte eine Freundin gefunden, die genauso gern tobte wie ich, und schon bald zeigte sich, dass es außer uns noch andere gab, die das ausgelassene Spiel schätzten.

Meinen Kumpel Snoopy lernte ich unter sehr geheimnisvollen Umständen kennen. Eines späten Abends, ich hatte meine Geschäfte bereits erledigt, trotteten wir gemächlich heimwärts. Plötzlich hielt neben uns ein Auto. Herrchen und Frauchen unterhielten sich mit der Frau, die in diesem Wagen saß. Schließlich stieg sie aus und holte, was soll ich sagen, einen wuscheligen, schwarzen Welpen hervor, den sie vor uns auf die Straße setzte. Ich war völlig von den Socken. Der Kleine saß einfach nur da und wusste nicht, wie ihm geschah. Ich versuchte ihn aufzumuntern, indem ich ihn mit meinen Vorderpfoten anstupste und zum Spielen aufforderte. Der Kleine reagierte, indem er ein paar Schritte die Straße entlang tapste.

"Ich weiß nicht, was passiert ist", hörte ich die Frau sagen, "seit heute hat er Angst vor anderen Hunden."

"Ist nicht wahr", piepste der Kleine, *"die große Katze hat mich erschreckt."* Doch das bekamen die Menschen wieder einmal nicht mit.

"Es wäre schön, wenn er ein wenig mit Ihrem Hund spielen könnte", sagte die Frau, und ich glaube, sie meinte damit mich.

"Ich weiß nicht, ob das gut wäre", meinte da mein Herrchen, "unsere Kira ist ein ziemlicher Rabauke."

"Du wirst deine Hausschuhe nicht mehr lebend wiedersehen", schwor ich Herrchen und lief zu dem schwarzen Welpen, der mit großen Augen dasaß und der Dinge harrte.

"Snoopy ist acht Wochen alt", erklärte die Frau gerade, "ein Bearded Collie."

"Kira ist vier Wochen älter", verkündete Herrchen und ich kam mir richtig erwachsen vor. "Gut, probieren wir's."
Der Welpe wurde wieder in das Auto gesetzt.
"Wir wohnen gleich um die Ecke", sagte die Frau noch, bevor sie einstieg und weiterfuhr. Meine Menschen schlugen nicht den gewohnten Heimweg ein und ich verstand mal wieder gar nichts. Schon bald blieben sie vor einem Gartentor stehen.
"Hier muss es sein", vermutete Herrchen, und ich war ganz sicher, dass es deutlich nach Hund roch. Tatsächlich, Snoopy wartete hinter der Gartentür, und ich durfte zu ihm. Ich war sehr höflich, wirklich. Schließlich wusste ich, wie man sich benimmt. Der Kleine war überhaupt nicht so schüchtern, wie er am Anfang getan hatte. Wir durchstöberten seinen Garten und spielten ein wenig Fangen. Snoopy kletterte in einen Blumenkübel und bekam geschimpft.
"Nur nicht einschüchtern lassen", ermunterte ich ihn, und er kletterte wieder hinein.

Seit diesem Abend sind wir ab und zu an Snoopys Garten vorbeigekommen, und wenn er zu Hause war, durften wir spielen.
"Es ist gut, wenn Kira Kontakt zu anderen Hunden hat", sagte Frauchen, "das fördert das Sozialverhalten."

Mir persönlich war es völlig egal, was hier gefördert wurde, ich wusste nur eines: Toben mit anderen Welpen machte Spaß, und weil ich sehr gut im Toben war, fühlte ich mich verwegen und stark. Allerdings fehlte mir eine Kleinigkeit. So gerne ich auch mit meinen neuen Freunden spielte, ich bedauerte, dass sich niemand auf das klassische Raufspiel mit mir einlassen wollte. Ihr wisst schon, Kugeln und Balgen, und sich gegenseitig in die Ohren oder Pfoten beißen. Das habe ich mit meinen Geschwistern am liebsten gespielt, und ich vermisste diese Art des Zeitvertreibs schon ein wenig. Meine Menschen quiekten ja gleich, wenn ihre Hände mit meinen Milchzähnen in Berührung kamen. Ob ich wohl einen gleichgesinnten Raufpartner finden würde? Ich hoffte es inständig.

Eines schönen Abends, ich trödelte gerade mit Herrchen durchs Wohngebiet, da sah ich ihn schließlich.
"Herrchen schau, da vorne!" Ich war ganz aufgeregt und zog an der Leine.
"Ja, was ist das denn?", fragte Herrchen verwundert und lief brav hinter mir her. "Der sieht ja aus wie du."
"Ein hübscher Kerl, nicht wahr?", bemerkte ich schwanzwedelnd.
Herrchen übte sich in Kontaktaufnahme.

"Hallo", sagte er zu dem jungen Mann, der die Leine des hübschen gelben Welpen festhielt. "Der ist aber niedlich."
Ich teilte ausnahmsweise Herrchens Meinung, ließ mir aber nichts anmerken, als ich meine neue Bekanntschaft begrüßte.
"Du bist neu hier, stimmt's?", wollte ich wissen und tat sehr weltgewandt.
"Ist das ein Labrador Retriever?", fragte Herrchen scharfsinnig. Der andere Mensch bestätigte diese Vermutung und stellte den niedlichen Welpen vor. "Das ist Bobby, neun Wochen alt."
"Und das ist Kira", sagte Herrchen, "zwölf Wochen."
"Die sehen sich aber sehr ähnlich", meinte Bobbys Mensch.
"Ich denke, dass Kira später ein längeres Fell kriegt", hoffte Herrchen.
"Ich hasse es, wenn er so lange stehen bleibt und schwatzt", sagte Bobby und sah missmutig zu seinem Herrchen hoch. *"Das muss ich ihm noch abgewöhnen."*
"Mit meinen Menschen läuft auch noch nicht alles so wie es soll", erzählte ich altklug, *"aber das wird schon noch. Sie lernen dazu."*
"Na hoffentlich. Ich muss nämlich ganz dringend."
Als sich unsere Herrchen voneinander verabschiedeten, fragte Bobby, ob ich öfter hier spazieren ginge.
"Kann schon sein", sagte ich lässig.
"Man sieht sich", meinte Bobby cool.
Das will ich doch schwer hoffen, dachte ich und stolzierte hocherhobenen Hauptes nach Hause. Ich hatte Bobby kennen gelernt! Ich war verliebt!

11 Die Sache mit der Leine

Die ersten Lektionen in Sachen Grundausbildung hatten meine Menschen rasch begriffen. Wenn ich mich setzte oder die Pfote hob, mussten sie mir einen Keks geben. Meistens folgten sie brav und ich war stolz, so wohlerzogene Menschen zu haben.
Wären sie nur in allen Belangen so gelehrig gewesen. Unsere Gassiprobleme hatten wir trotz meines Streikes nicht beilegen können. Meine Menschen weigerten sich nach wie vor, dreimal täglich mit mir auf die Felder zu gehen. Blöderweise machten sie mich schon zu Hause an der Leine fest, so dass ich keine Chance gehabt hätte, auf eigene Faust loszumarschieren. Also warf ich mich auf den Boden. Natürlich gehört eine gute Portion Dickköpfigkeit dazu, wenn man seinen Willen durchsetzen möchte, und darin wenigstens war ich schon immer sehr gut. Ich hatte rasch begriffen, dass die Leine eine Verbindung zwischen

mir und meinen Menschen herstellt. Das ist eine außerordentlich wichtige Erkenntnis, die besagt, dass die Menschen bei mir bleiben und warten müssen, wenn ich mich hinlege. Gut, nicht wahr? Dieses Wissen ist mir bis heute gelegentlich von Nutzen.

Ich habe erst später erfahren, dass andere Welpen gar nicht so früh an die Leine müssen, sondern ganz alleine laufen dürfen. Diese anderen Welpen bleiben aber in der Nähe ihrer Menschen. Auch das ist eine Regel des Hundelebens. Sich nie weit vom Rudel entfernen, wenn man nicht den Anschluss verlieren will. Ich allerdings hatte damals Schwierigkeiten, diese sehr wichtige Regel einzuhalten und nutzte jede Gelegenheit, meine Umgebung auf eigene Faust zu erkunden. Meine Menschen wussten das, seit sie mir erlaubt hatten, den Hof vor unserem Haus ohne Leine zu inspizieren. Ihr hättet erleben müssen, wie schnell ich schon damals rennen konnte! Von einer Seite des Hofes zur nächsten, von einem Garten in den anderen. Meine Menschen nahm ich erst wieder zur Kenntnis, als sie mich eingefangen hatten.
"Jetzt wäre sie fast zur Straße vorgelaufen", meinte Frauchen besorgt. Herrchen nickte zustimmend.
"Die rennt uns noch vor ein Auto, so wuselig und neugierig wie sie ist. Ohne Leine ist es zu gefährlich."
Mit Leine aber lief ich nur, wenn ich Lust dazu hatte. Und Lust hatte ich nur, wenn wir aufs Feld gingen. Meine Menschen waren ratlos.
"Es kann nicht sein, dass wir nur dort spazieren gehen, wo es der Kira passt", meckerte Frauchen. "Mehrere große Runden am Tag sind noch immer zu viel." Darauf bestand sie. Ab und zu trug sie mich auch, aber dafür wurde ich langsam aber sicher zu schwer. Fand Frauchen.
"Außerdem geht es um etwas ganz anderes", erklärte sie Herrchen und mir, "Kira hat bei uns zu bleiben, ganz gleich, wohin wir gehen. Nicht andersherum."
"Und wie willst du ihr das klarmachen?", fragte Herrchen, "Wenn ihr etwas nicht passt, legt sie sich hin. Schimpfen nützt da wenig. Dann rollt sie sich höchstens auf den Rücken und mimt die Unterlegene."
Schlau, nicht wahr? Ich tat einfach so, als würde ich aufgeben, wenn sie schimpften. Die Menschen durften dann nicht weiter an mir herummeckern, aber wir kamen keinen Schritt weiter. Ihr könnt euch gar nicht vorstellen, wie lustig es war, in ihre hilflosen Gesichter zu schauen.
"Wir müssten sie endlich ohne Leine an das freie Nachlaufen gewöhnen", meinte Frauchen. "Sie sitzen lassen und einfach weitergehen, wenn sie streikt."

Das Dumme an Frauchens Plan war, dass sie mich in der Nähe der Straße nicht zurücklassen wollte. Zu gefährlich, fand sie, selbst im Wohngebiet.

"Dazu ist sie noch zu unberechenbar", erklärte Frauchen. "Momentan bin ich nicht sicher, ob sie mir überhaupt nachlaufen würde."

Ehrlich gesagt war ich mir da auch noch nicht ganz sicher. Die Welt war viel zu interessant, um bloß auf seine Menschen zu achten. Dachte ich zumindest damals.

"Dann üben wir das eben", beschloss Herrchen.

Meine Menschen hatten sich ein neues Spiel ausgedacht, das wir zuerst zu Hause ausprobierten: das Hin- und Herlauf-Spiel. Herrchen und Frauchen setzen sich entfernt voneinander hin und riefen abwechselnd meinen Namen. Ich raste von einem zum anderen, um Lob und Leckerli zu kassieren. Ein wirklich tolles Spiel! Noch mehr Spaß machte es draußen auf dem Hof, zunächst immer die Leine im Schlepptau. Wir spielten sehr gewissenhaft und bald dachte ich gar nicht mehr daran, wegzulaufen und in irgendeinem Garten zu verschwinden. Auf diese Weise bekam ich so eine Ahnung, dass es von Vorteil sein konnte, in der Nähe der Menschen zu bleiben, sogar draußen auf dem Feld. Dort spielten wir nämlich auch. Zunächst flitzten Frauchen und ich noch angeleint um die Wette unseren Wiesenweg entlang. Das machte Spaß und ich konnte gar nicht mehr aufhören zu rennen. Doch irgendwann musste ich entdecken, dass Herrchen weit zurückgeblieben war und aus der Entfernung meinen Namen rief. Ich raste so schnell ich nur konnte zurück, die Leine einfach hinter mir herziehend. Herrchen begrüßte mich fröhlich und gab mir einen Keks. Dann stellte ich fest, dass Frauchen den Rückweg nicht alleine geschafft hatte. Ich also zurück, wieder die Leine hinter mir her ziehend. Von diesem Spiel konnte ich gar nicht genug kriegen!

Irgendwann löste Frauchen einfach so die Leine von meinem Halsband! Ich wusste erst gar nicht, was ich tun sollte, also lief ich noch ein Weilchen neben meinen Menschen her. Nein, dachte ich, das ist ja langweilig. Hin- und Herlaufen spielen ist bestimmt lustiger! Ich drehte um und rannte so schnell ich konnte zurück in die Richtung, aus der wir gekommen waren. Zwar hörte ich, wie meine Menschen im Hintergrund meinen Namen riefen, doch das taten sie oft und ich gab nichts drauf. Ich lief und lief und lief. Plötzlich waren Schritte hinter mir. Prima, dachte ich, Frauchen rennt mit. Da versuchte ich gleich, noch viel schneller zu laufen. Bald war Frauchen neben mir, ich merkte wie sie während des Laufens nach mir langte, mich am Fell erwischte, ich das Gleichgewicht verlor und stolperte.

"Halt Kira, nicht weglaufen", keuchte sie außer Atem.

"Wollte ich doch gar nicht!", erklärte ich gutgelaunt, *"ich dachte, wir spielen."*

Trotzdem durfte ich von nun an oft ohne Leine spazieren gehen, – falls wir draußen auf den Feldern waren. Ohne Leine musste ich natürlich darauf achten, wo meine Menschen hingingen, sonst konnte es vorkommen, dass sie sich weiter als mir lieb war von mir entfernten, nur weil ich gerade nicht aufgepasst hatte.

So lernte ich ganz nebenbei, nicht den Anschluss zu verlieren, wenn wir ohne Leine unterwegs waren.

"Na also", atmete Herrchen auf, "sie hat wohl kapiert, dass sie bei uns bleiben soll."

"Stimmt", brummte ich gutgelaunt, *"und mit Leine müsst i h r bei mir bleiben!"*

An dieser Tatsache hatte sich rein gar nichts geändert.

Frauchen, die tagsüber das zweifelhafte Vergnügen hatte, mich zum Gassigehen zu bewegen, wurde von mal zu mal grantiger.

"Dann bleib halt liegen", brummte sie eines Tages während der Mittagsrunde durchs Wohngebiet und warf mir die Leine vor die Pfoten. "Tschüss Kira, ich gehe weiter."

Was sollte das denn? Aufmerksam beobachtete ich, wie Frauchen sich von mir entfernte.

So war das aber nicht gedacht! Ich sprang auf, und lief, so schnell ich nur konnte, hinter Frauchen her.

"Na, kommst du auch?", fragte sie, "braaav." Ich wurde getätschelt.

Verblüfft, wie ich war, beendeten wir diese Gassirunde ohne weitere Zwischenfälle.

"Es geht also doch", stellte Frauchen fest, "wir müssen das nur lange genug üben."

Fortan ignoriere sie immer dann, wenn sie es für ungefährlich hielt, meine Streikversuche und ließ mich einfach liegen. Weil ich nicht alleine zurückbleiben wollte, und streiken ja gar nichts nützt, wenn es niemand beachtet, beeilte ich mich, sie einzuholen, immer meine Leine im Schlepptau hinter mir herschleifend. Mit der Zeit allerdings begnügte ich mich damit, gemütlich in Frauchens Richtung zu tapsen, denn ich hatte so eine Ahnung, dass sie mich trotz allem nicht zurückgelassen hätte. Manchmal allerdings verschwand sie ohne Vorwarnung hinter einer Mauer oder einer Hecke, und dann war ich schon besorgt und sah zu, dass ich sie rasch wieder im Blick hatte. Allerdings gab es nach wie vor genügend Möglichkeiten, den Umstand der Leinenverbindung zu nutzen, um meinen Kopf durchzusetzen. Wenn wir an der Straße mit den vielen Autos entlanggingen, ließ Frauchen niemals die Leine los, das tut sie bis heute nicht. Meine Streikaktionen beschränkte ich fortan wirkungsvoll auf solche Gelegenheiten. Mit Erfolg! Die Runden durchs Wohngebiet wurden seltener und ich wusste nun, dass man bei Menschen sehr viel erreichen kann, wenn man nur lange genug sehr, sehr stur ist.

12 Immer wieder üben

Bislang hatte ich gelernt, dass ich mich bei dem Wort "sitz" hinsetzten sollte, um einen Keks zu bekommen und bei "Pfoti" eine Pfote heben musste, um einen Keks zu bekommen. Obwohl ich der Meinung war, dass es damit genug sein sollte, hörten meine Menschen nicht auf, mir noch weitere Befehle beizubringen. Ich sollte lernen "Platz" zu machen. Frauchen unterstrich dieses Wort, indem sie mit der flachen Hand Richtung Boden wies. Ich saß da, und schaute zu, wie sie einen Keks aus der Hosentasche zog. Bevor ich ihn mir schnappen konnte, hatte Frauchen das Leckerli an meiner Nase vorbei nach unten geführt. Weil ich mich so sehr auf den Keks konzentrierte, entging mir ganz, wie ich auf den Bauch rutschte.
"Kira, platz", sagte Frauchen und gab mir den Keks. Ich witterte eine weitere Möglichkeit, an Leckerlis zu gelangen. Ich brauchte nur "Platz" zu machen. Das ist leicht, denn es bedeutet ja lediglich, dass ich mich hinlegen muss.
Wenn ich heute einen Keks möchte, dann setze ich mich erst einmal. Wenn es nicht funktioniert, gebe ich Pfoti. Passiert dann immer noch nichts, mache ich Platz. Spätestens dann bekomme ich einen Keks. Das funktioniert wirklich immer!
"Jetzt spult sie wieder ihr ganzes Repertoire ab", sagt Frauchen dann amüsiert, aber mir ist gleichgültig, was sie damit meint, Hauptsache ich bekomme eine Belohnung.

Es gibt aber auch Worte, die nicht dazu angetan sind, Leckerlis zu bekommen. Folglich mag ich solche Worte nicht besonders.
Eines davon lautet "nein!" Meine Menschen können dieses "nein" in verschiedenen Stimmlagen variieren, angefangen von freundlich bestimmt, über leicht gereizt, bis hin zu richtig sauer. Deshalb bedeutet "nein", dass ich etwas nicht darf, obwohl es mir großen Spaß machen

würde. Ich hörte es, wenn ich an den Teich wollte, oder im Garten ein Loch buddelte, wenn ich Pflanzen im Wohnzimmer anfraß, am Teppich kaute oder Stöckchen in die Wohnung trug, und bei unzähligen anderen Gelegenheiten, die ich mir gar nicht alle merken konnte.
Überhaupt, – Menschen! Könnt ihr eigentlich nicht klar und deutlich sagen, was ihr wollt? Ich weiß ja nicht, wie es bei anderen ist, aber bei uns sorgten Frauchen und Herrchen für allerlei Missverständnisse.
Was bitte sollte zum Beispiel dieses leidige "komm" bedeuten, das sie dauernd riefen? Ich habe es bis heute nicht ganz begriffen. Zu meinen Menschen laufen? Ein Leckerli abholen? Möglich. Und wenn ich das nicht tat? Dann passierte auch nichts. "Komm" schien nicht wichtig zu sein.
"Das Kommando "komm" ist wirklich schwer", jammerte Frauchen, "denn wie soll man es dem Hund auf Distanz klarmachen?"
"Manchmal glaube ich, dass sie es absichtlich ignoriert", überlegte Herrchen. Ich fand diese Bemerkung ungerecht, denn ich wusste wirklich nicht, was "komm" nun eigentlich heißen sollte. "Komm weiter", hörte ich, wenn ich unterwegs stehen blieb, "komm da raus", wenn ich in einer Pfütze planschte, "komm auf den Weg", wenn ich durch ein Getreidefeld hüpfte. Immer hieß es "komm, komm, komm..."
"Kira, komm!", wurde gebrüllt, wenn ich ohne Erlaubnis ausrückte, um einen Hundekollegen zu begrüßen. Ich dachte lange, dass es sich in diesem Fall um einen Anfeuerungsruf handelte und lief noch schneller. Ich wurde nicht schlau aus diesem Wort. Überall tauchte es auf, und immer bedeutete es etwas anderes.

Was meine Menschen zu diesem Zeitpunkt nicht wussten: So ganz nebenbei hatte sich längst ein Wort eingeschlichen, dessen Bedeutung mir klar war. Eines Tages merkte es auch Herrchen.
"Auf "hier" reagiert sie viel besser", sagte er und damit hatte er ausnahmsweise einmal Recht. "Hier" war eindeutig. War es schon immer gewesen. "Hier" bedeutet, dass ich zu meinen Menschen laufen soll. Nichts anderes. Die beiden hatten es immer in Verbindung mit "komm" benutzt. "Kira, komm *hier* her!" Ob es nun am energischen Tonfall lag, oder daran, dass es eine Belohnung gab, wenn ich angelaufen kam, – dieses "hier" hatte ich mir schon eingeprägt, als meine Menschen sich noch mit "komm" abmühten. Ihr könnt euch sicher vorstellen, wie verblüfft sie waren, als ich plötzlich auf Zuruf zu ihnen kam, – und bloß weil sie sich endlich verständlich ausdrückten! Ein klares "hier" statt ein undeutliches "komm". So einfach war das.

Habe ich gerade nichts wirklich Wichtiges zu tun, gehe ich nachschauen, was meine Menschen von mir wollen. Es lohnt sich wirklich! Sie freuen sich, ich werde begeistert gelobt und kriege einen Keks. Manchmal ist auch ein kleines Spielchen drin. Ach ja, wenn ich heute zu sehr trödele, werde ich mit "los weiter", angespornt. Bevor ich zu einem Hund stürmen darf, muss ich warten, bis es "jetzt lauf" heißt. Weil ich nicht immer warten möchte, werde ich notfalls angeleint oder am Halsband gehalten. Gemein, nicht wahr? Wenn ich aus dem Feld soll, rufen meine Menschen "auf den Weg", und wenn ich in einer Pfütze plansche, motzt Herrchen "Kira raus" und Frauchen sagt "lass sie doch."

Warum nicht gleich so? Menschen sind manchmal so begriffsstutzig. Also ich könnte euch Geschichten erzählen....
Das Wörtchen "aus" sorgte anfangs ebenfalls für Verwirrung. War das nun ein gutes oder ein schlechtes Wort? Es bedeutet, dass meine Menschen etwas haben möchten, das ich gerade im Fang trage und es sich notfalls mit Gewalt holen würden. Gemein, nicht wahr? Obwohl "aus" eigentlich ein tolles Wort ist. Oft bekomme ich zum Tausch einen Keks, wenn ich zum Beispiel ein Spielzeug "aus" gebe. Oder beim Werfen: Das Spiel geht nicht weiter, wenn ich nicht vorher "aus" gegeben habe. Ist ja logisch! Gleichwohl benutzten meine Menschen dieses "aus" anfangs auch für Dinge, die ich ihnen gar nicht bringen sollte, und die sie in Wirklichkeit nicht einmal haben wollten! Das verwirrte mich doch sehr. Einen Ball bringen und "aus" geben, das machte ich ja gerne, – aber einen Pferdeapfel oder ein Stückchen Mist, das ich gerade gefunden hatte und eigentlich fressen wollte? Wieso sollte ich so etwas "aus" geben? Und wem? Das verstand ich nicht. Deshalb verspeiste ich solche Leckereien lieber zügig. Meine Menschen führten schon bald das altbekannte "nein" für solche Angelegenheiten ein. Na also, dachte ich mir, das ist doch wenigstens ein klares Wort, an das man sich halten kann, – manchmal zumindest.

Doch damit nicht genug. Meine Menschen wollten mir noch viel mehr beibringen. Besonders Frauchen.
"Kira, Fuß!", sagte sie während eines Spaziergangs und klopfte sich seitlich auf den Oberschenkel, als ich zufällig einmal neben ihr ging.
"Aha, sehr interessant", fand ich und hüpfte gutgelaunt ins nächste Feld, weil es dort verführerisch nach Mauseloch duftete.
"Kira, nein! Hiiiier!"
Frauchen hatte ihren Ich-zieh-dir-das-Fell-über-die-Ohren-wenn-du-nicht-folgst-Ton in der Stimme, und so hielt ich es für angeraten, doch

einmal zu schauen, was sie von mir wollte. Diesmal hielt sie einen Keks in der Hand. Prima, dachte ich und setzte mich.

"Nein, Kira, wir üben etwas Neues."

Sie klopfte sich mit der Hand, in der sie den Keks hielt, auf den Oberschenkel.

"Kira, Fuß!"

Dann ging sie gaaanz langsam los, den Keks in der Hand neben sich haltend.

Ein Stück weit tippelte ich neben Frauchen und dem Keks her.

"Fuß", wiederholte sie ab und zu und war zufrieden mit dem, was ich tat.

Schließlich erwischte ich den Keks, den sie locker in der Hand hielt und verputzte ihn auf der Stelle.

"Siehst du, Kira, das ist Fuß."

In den nächsten Tagen übten wir das Keksverfolgen öfter, und ich war schon richtig gut darin. Nie ließ ich den Keks aus den Augen, ganz gleich, ob ich mit oder ohne Leine lief. Frauchen war stolz und lobte mich. Ich freute mich darüber, etwas Neues gelernt zu haben.

Eines Tages aber klopfte sich Frauchen wie gewohnt ans Bein und sagte "Fuß".

Prima, dachte ich mir, ich spiele gerne Keksverfolgen, und stellte mich neben sie, in der freudigen Erwartung, dass es gleich losgehen sollte. Doch stellt euch vor, was geschehen war: Frauchen hatte den Keks vergessen! Was sollte ich denn jetzt verfolgen? Dummes, dummes Frauchen. Ich sah sie sehr vorwurfsvoll an und trollte mich ins Feld.

"Nein, Kira! Fuß!", rief Frauchen mit ernster Stimme.

"Hast du inzwischen gemerkt, dass der Keks fehlt?", wollte ich wissen, als ich wieder neben ihr stand. Hatte sie nicht.

Trotzdem klopfte sie erneut an ihr Bein und sagte "Fuß". Dann setzte sie sich langsam in Bewegung. Ich fragte mich, was das zu bedeuten hatte und setzte mich erst einmal hin. Frauchen blieb stehen und wartete.

"Kira, Fuß!"

Ich blieb sitzen.

Frauchen kam zurück und stellte sich neben mich.

"Fuß!"

"Wo ist der Keks?"

Ich hatte ehrlich keine Ahnung, was sie von mir wollte.

"Kira, Fuß!" Frauchen wurde ungeduldig.

Ich legte mich hin und wartete, was als nächstes geschah.

Aha, jetzt hat sie es gemerkt. Frauchen griff in ihre Jackentasche und fischte einen Keks heraus. Dann versuchte sie es erneut. Aufstellen, ans Bein klopfen, "Fuß" und ganz langsam losgehen. Das kannte ich ja, und so spielten wir Keksverfolgen genau, wie wir es geübt hatten.

Dummerweise vergaß Frauchen den Keks immer öfter, wenn sie mich aufforderte "Fuß" zu gehen. Wenn ich gerade zufällig neben Frauchen dahertappte, sagte sie "Fuß" guckte mich an und ging sehr langsam und konzentriert. Allmählich wurde mir klar, dass "Fuß" wohl doch nicht Keksverfolgen hieß. Aber was sonst? Ich dachte nach. "Kira, Fuß", sagte Frauchen und ging sehr langsam, Schritt für Schritt. Ich tat es ihr nach und setzte sorgfältig eine Pfote vor die andere.

"Sie soll das Prinzip kapieren", erklärte Frauchen und ich hatte verstanden: "Fuß" bedeutet, gaaanz langsam zu gehen.

13 Ein Spielplatz nur für Hunde

Meine Menschen hatten endlich kapiert, dass Gassi draußen im Grünen angenehmer war.

"Kira ist wie ausgewechselt, wenn wir aufs Feld gehen", stellte schließlich Herrchen fest, "ich denke, es wird ihr nicht schaden, hin und wieder etwas weiter zu laufen."

Der Meinung war ich auch und ich bedachte Frauchen mit einem missbilligenden Blick, als sie mahnte, man dürfe den Hund, also mich, bloß nicht überfordern. Menschen können sich ja gar nicht vorstellen, wie wichtig es ist, hundegerecht spazieren zu gehen. Menschen denken immer, es gibt unterwegs nur die Dinge, die sie sehen können. Wir Hunde hingegen erfahren sehr viel nur durch unsere Nase. Vielversprechende Spuren anderer Tiere, allerlei Information fremder Hunde, – doch das entgeht euch grundsätzlich. Wahrscheinlich könnt ihr Menschen auch nicht verstehen, dass es dort, wo alles zugepflastert ist, dort wo viele Autos fahren, für eine Hundenase fast unerträglich ist. Und noch eines: Auf freiem Feld findet Hund die wirklich guten Plätze zum Pieseln oder für größere Geschäfte. Letzteres überzeugte sogar das Frauchen.

"Wenn sie es schaffen würde, erst am Feldrand zu machen, könnten wir uns endlich die Tütchen sparen", überlegte sie und sah mich dabei kritisch an.

"Natürlich schaffe ich das!", meine ich schwanzwedelnd und freute mich. Am nächsten Morgen erlaubte Frauchen mir nicht, meinen Haufen an den Straßenrand zu setzen.

"Kira, komm, gleich aufs Feld", sagte sie stattdessen und begann schnell zu laufen. Ich fand es lustig, wie Frauchen sich anstrengte und hüpfte gutgelaunt neben ihr her.

"Ganz schnell, Kira, das schaffen wir", feuerte sie mich an, während wir so rasch wir nur konnten die Straße entlang rannten, die zu unseren Feldwegen führt. Dort glücklich angekommen lobte mich Frauchen.

"Brav Kira, jetzt darfst du deinen Haufen machen."

Das tat ich dann unverzüglich. Inzwischen habe ich mich natürlich so gut unter Kontrolle, dass wir uns nicht mehr so beeilen müssen.

Die Spaziergänge über das Wohngebiet hinaus erweiterten meinen Horizont erheblich. Besonders erfreulich war, dass fast immer auch andere Hunde unterwegs waren. Ich spielte mit alten Bekannten und schloss neue Freundschaften.

"Ist das ein Flat?", fragte Frauchen eine ältere Dame, die mit einer großen schwarzen Hündin spazieren ging.

"Genau. Ein Flat coated Retriever. Die wenigsten Leute kennen diese Rasse."

"*Spielst du mit mir?*", fragte ich die schwarze Hündin und hüpfte vergnügt um sie herum.

"Kira, nicht so wild!", ermahnte Herrchen, und entschuldigte sich bei der fremden Frau, die ich im Eifer des Gefechts mit meiner Leine umwickelt hatte.

"Maxi war in diesem Alter genauso", meinte die Frau nachsichtig, "sie ist jetzt schon vier."

"*Was ist nun mit Spielen?*", wollte ich von Maxi wissen und stupste sie mit den Pfoten.

"*Spielen ist etwas für Welpen*", erklärte sie freundlich, "*ich bin erwachsen.*"

"Du bist aber hübsch", sagte die Frau und kraulte meinen Hals. Ich beschloss, dass ich sie mochte und genoss die Streicheleinheiten. "Du bist ein Golden, nicht wahr?", fragte sie freundlich und ich brummte zufrieden.

Dann fiel mir ein, was Maxi gerade gesagt hatte.

"*Erwachsen? Was bedeutet das?*"

"*Das bedeutet, dass man vernünftige Dinge tut.*", erklärte Maxi weise.

"Mit dreieinhalb Jahren erst ist sie ruhiger geworden", erzählte ihr Frauchen gerade.

"Das kann ja heiter werden", meine Herrchen.

"*Was sind vernünftige Dinge?*", bohrte ich weiter, "*ich finde Spielen und Toben sind sehr vernünftige Dinge.*"

"Ja, für Welpen", widersprach Maxi nachsichtig, *"nicht für erwachsene Hunde."*

So kamen wir einfach nicht weiter.

"Was TUN erwachsene Hunde denn?"

"Komm Kira, wir gehen noch ein Stück", forderte Frauchen wie immer im unpassendsten Moment und zog an meiner Leine.

"Ihr seht euch bestimmt wieder", versicherte Herrchen, als er sich verabschiedete.

"Mach's gut", sagte Maxi und trottete von dannen.

Ich musste mich erst einmal setzten. Was zum gehörnten Hund waren vernünftige Dinge? Was bitte taten erwachsene Hunde? Maxi schien sehr klug zu sein und würde bestimmt alle meine Fragen beantworten können. Weil ich nicht wusste, wann wir uns wiedersehen würden, blieb mir nichts anderes übrig, als diese Probleme auf einen späteren Zeitpunkt zu verschieben und mich den weniger vernünftigen Dingen des Welpenlebens zu widmen.

Ich traf Bobby wieder. Ihr wisst schon, Bobby, der wunderschöne Labradorwelpe, der mir so ähnlich sah. Wir begegneten uns, rein zufällig, auf einer nahegelegenen Wiese, an der meine Menschen früher immer achtlos vorbeigelaufen waren, obgleich es dort ganz feine Hinterlassenschaften von Hasen zu finden gab. Lecker! Nun aber stellten sie fest, dass diese Wiese einen wunderbaren Spielplatz für uns Hunde abgeben könnte. Sie lag so günstig mitten im hiesigen Gassi-gebiet, dass praktisch jeder, der spazieren ging, an dieser Wiese vorbei-kam. So blieb es nicht aus, dass sich fast jeden Abend, ganz unerwartet natürlich, meine Spielkollegen dort einfanden.

Bobby war meist der Erste. Während er auf mich wartete, nutzte er die Zeit, um mit seinem Herrchen zu üben. Ihr wisst schon, sitzen und Leckerli bekommen, liegen und Leckerli bekommen. Bobby erzog seinen Menschen sehr gut. Schließlich versuchte er, ihm das Werfen beizubringen. Das bedeutet, dass man seinen Menschen dazu bringen muss, einen Gegenstand, zum Beispiel einen Ball, so weit wie möglich weg zu schleudern. Das erreicht man, indem man dem Menschen den gewünschten Gegenstand bringt und vor die Füße legt. Bobby liebte dieses Spiel und sein Herrchen lernte gut. Ich persönlich fand es albern und wollte lieber raufen.

"Kira, du bist doch auch ein Apportierhund!", ermahnten mich meine Menschen und Herrchen versuchte sich ebenfalls im Werfen.

"Kira, bring den Ball", sagte er anschließend.

Ich wusste, dass ich irgendetwas tun sollte, nur was? Ich besann mich darauf, was Bobby in einem solchen Fall machte, holte den Ball und brachte ihn zu Bobbys Menschen. Der freute sich. Mein Herrchen war beleidigt.

Bobby und ich stellten rasch fest, dass wir wunderbar miteinander spielen konnten, ganz besonders mein geliebtes Raufspiel. Da wir beide gleich groß und gleich stark waren, ließ sich nie vorhersehen, wer gewinnen würde. Wir balgten und kugelten, bis uns die Puste ausging, und wir uns zum Ausruhen ins Gras legten.

Aika, unsere Cockerfreundin, die meist etwas später kam, schaffte es gewöhnlich, uns wieder zum Herumtoben zu animieren. Mit Aika konnte man besonders gut "Räuber" spielen. Man jagt sich dabei gegenseitig Stöckchen oder Blätter oder Maiskolben ab. Bobby fand dieses Spiel doof, aber ich vermute, das lag daran, dass er es nie schaffte, mir meine Beute abzujagen. Auch Snoopy mochte diese Laufspiele nicht so sehr. Es macht ihn schrecklich nervös, wenn wir anderen immer so durcheinander hüpften.
"Jetzt stellt euch doch endlich einmal ordentlich hin", schimpfte er und rannte bellend um uns herum.
"Snoopy ruhig", rief sein Herrchen.
"Fang mich doch, fang mich doch", stachelte Aika ihn an und Snoopy regte sich noch mehr auf.
"Ich bin ein Hütehund. Ich habe hier einen Job zu erfüllen!"
"Snoopy, ruhig!" Sein Herrchen wurde ungeduldig.
"Soll ich dir mal zeigen, was ich von Hütehunden halte?" provoziert Bobby und verwickelte Snoopy in eine zünftige Rauferei.

Dann wurde Lissy regelmäßiger Gast auf der Hundewiese. Eine Boxer-hündin, die damals schon fast ein Jahr alt war und sich so ungestüm benahm, dass sie einen über den Haufen rannte, wenn man nicht aufpasste. Mir, als bekennende Anhängerin des besinnlichen Raufspiels war das zu grob. Bobby hingegen war von Lizzy ganz begeistert. Er gab grässlich an und tat dabei sehr erwachsen.
"Lizzy ist schließlich schon eine richtige Dame", sagte er einmal und war auch noch stolz darauf, dass sie sich für ihn interessierte. Ich setzte mich dann etwas abseits und schmollte.
"Eine richtige Dame, bah!", blaffte ich und beobachtete ganz unauffällig, wie die beiden rannten und balgten und ganz vertraut taten.
"Los, lass uns Fangen spielen", versuchte Aika mich aufzumuntern.

"Nöö, ich mag nicht", maulte ich und schielte an Aika vorbei zu Lizzy und Bobby, die gerade die Köpfe zusammensteckten.
"Wir können ja Räuber spielen", versuchte es Aika wieder.
"Keine Lust". Ich seufzte tief. Bobby und Lizzy kugelten durchs Gras. Mein Freund Bobby!
"Du bist heute aber doof", motzte Aika und trollte sich, um nun Snoopy zum Spiel aufzufordern. Ich seufzte wieder. Alle vergnügten sich und waren gutgelaunt, bloß mich, mich beachtete mal wieder niemand. Ich spähte zu Bobby und Lizzy, die noch immer tobten. Ich kochte innerlich und wusste, dass ich Lizzy niemals würde leiden können. Nie im Leben! Als sie dann auch noch auf mich zugetrottet kam und mich zum Mitspielen aufforderte, rümpfte ich die Nase und zeigte ihr zwei Reihen spitzige Welpenmilchzähne. Bobby, der Idiot, tat so, als hätte er nichts bemerkt.
"Wir spielen doch nur", meinte er scheinheilig, und mir blieb nichts anderes übrig, als ihn zur Strafe über die Felder zu scheuchen, als wir uns das nächste mal alleine trafen. Leider hielt ihn das nicht davon ab, auch weiterhin mit Lizzy herumzutollen.

Trotzdem freute ich mich auf die abendlichen Spielstunden auf der Wiese. Ganz nebenbei lernten ich viel über den Umgang mit gleichaltrigen Artgenossen. Im Raufspiel konnten wir unsere Kräfte messen und lernten, auch einmal nachzugeben. Ich begriff, wie man anderen geschickt Beute abjagt, und dass es gelegentlich besser war, es nicht zu tun, um Ärger zu vermeiden. Insbesondere Aika konnte ganz schön stinkig werden, wenn sie gerade einen Maiskolben ergattert hatte, den sie lieber selber fressen wollte. In solchen Situationen ließ ich sie halt gewähren, denn Streit war nicht meine Sache. Zwar lautete mein damaliges Motto "Über den Haufen rennen und sehen, was passiert", aber das meinte ich nicht böse. Ich dachte anfangs wirklich, dass andere Hunde nur dazu da waren, um mit mir zu Spielen und zu Toben.
Die meisten Erwachsenen reagierten tatsächlich nachsichtig. Nur manchmal, wenn ich gar zu wild herumfetzte, kassierte ich einen Rüffel. So lernte ich mit der Zeit, mich meinen Artgenossen taktvoll zu nähern, und zu akzeptieren, wenn jemand seine Ruhe haben wollte. Außerdem war ich noch viel zu jung, um ernsthaft aufmucken zu können.

Eines Tages traf ich übrigens Maxi wieder, ihr wisst schon, die kluge Flat coated Retrieverhündin. Sie stand am Feldrand und verspeiste einen Grashalm nach dem anderen. Ihr Frauchen wartete brav und sah ihr beim Fressen zu.

Ich freute mich, Maxi zu sehen, denn schließlich war sie mir noch eine Antwort schuldig geblieben.

"Was tun erwachsene Hunde denn nun?", fragte ich neugierig, *"was ist vernünftig?"*

"Hmmpf", schmatze Maxi und ich dachte lange darüber nach.

II Alltäglichkeiten und komische Sitten

Nach einigen Wochen hatten wir uns einigermaßen aneinander gewöhnt.
Die anfängliche Unruhe wich einer gewissen Routine im Zusammenleben. Wir hatten einen festen Tagesablauf gefunden, der Gassi gehen, Fütterungszeiten, Spiel- und Übungsstunden, sowie Ruhephasen beinhaltete.

Ich lernte noch mehr Menschen kennen und musste begreifen, dass Herrchen und Frauchen nun nicht immer Zeit für mich hatten.
Ich wuchs vom Welpen zum Junghund heran. Aktiv und unternehmungslustig wie ich war, fiel es mir oft schwer, auf das zu hören, was meine Menschen mir sagten. Meine Menschen erkannten, dass sie Geduld und gute Nerven brauchten, um mit mir zusammenzuleben. In den folgenden Monaten lernte ich viel über die Menschen und die Dinge die sie tun. Manches ist mir bis heute unverständlich geblieben, oder könnt ihr mir den tieferen Sinn von Hausputz oder Fernsehen erklären?

Im Urlaub waren wir auch. Ich stellte fest, dass man Meerwasser nicht saufen sollte und dass Möwenjagen gefährlich ist. Warum wir allerdings in einem fremden Haus schlafen mussten, habe ich nicht kapiert.

Dann kam der Herbst und damit das Ende der Spielstunden auf der Hundewiese. Das Schmuddelwetter mochte ich lieber als die Sommerhitze, obwohl ich nun häufig in die Badewanne musste. Als es schließlich schneite, war ich zutiefst enttäuscht, weil ich nirgendwo Erde oder Gras finden konnte. Dann kam Weihnachten. Meine Menschen stellten einen Baum in die Wohnung und wickelten Gegenstände in Papier ein. Eines Abends spielten wir Päckchentauschen.

Obwohl ich viele dieser menschlichen Sitten nicht verstanden habe, verliefen die Monate meines Junghundlebens, bis auf einige unvermeidliche Probleme, sorglos und vergnügt.

14 Ein ganz normaler Tag

Das Zusammenleben mit Menschen erwies sich als ganz schön kompliziert! Das wenige, das ich in meinem früheren Leben im Stall kennen gelernt hatte, verlor vollends an Bedeutung in Anbetracht der vielen neuen Aufgaben, die mein Dasein nun bestimmten.
Zunächst dachte ich, Herrchen und Frauchen hätten nichts anderes zu tun, als sich um meine Grundbedürfnisse zu kümmern: Mit mir spazieren zu gehen, wenn ich nach draußen musste, mein Futter zuzubereiten, wenn ich hungrig war, mit mir zu spielen, wenn ich mich langweilte, mich in Ruhe zu lassen, wenn ich schlafen wollte. Das alles taten meine Menschen sehr gewissenhaft, und ich freute mich über die Aufmerksamkeit, die mir zuteil wurde. Ich merkte aber, dass der Tagesablauf der Menschen auch durch viele andere Kleinigkeiten bestimmt wurde. Mir war rasch klar, dass sie ihr Pensum ohne meine Unterstützung nie würden bewältigen können.

Unsere Tage lassen sich im Großen und Ganzen in zwei Sorten einteilen. Es gibt solche, an denen Herrchen und Frauchen zu Hause sind, und solche, an denen ich mit Frauchen alleine bin. Die ersten heißen Wochenende, wie die übrigen heißen, weiß ich nicht, aber wahrscheinlich gibt es dafür keine eigene Bezeichnung. Obwohl gerade diese Tage, die ich mit Frauchen verbringe, ganz schön anstrengend sind.
Gewöhnlich wacht Herrchen morgens als erster auf, und zwar genau dann, wenn dieser kleine Kasten, der neben dem Bett steht, laute, piepsende Töne von sich gibt. Mich kümmert das kaum und Frauchen nimmt es gar nicht zur Kenntnis, nur Herrchen fühlt sich so sehr davon gestört, dass er nicht mehr weiterschlafen kann und aufsteht.
Wenn ich dann schon munter bin, stehe ich auf und verfolge Herrchens Schritte ganz genau. Als erstes trottet er ins Bad, ich natürlich hinterher. Er schmiert sich das ganze Gesicht mit weißen Schaum voll, den er mit einem komischen Gerät wieder abschabt. Anschließend klettert er in die Wanne, in die ich manchmal muss, wenn ich sehr schmutzig bin, und lässt sich Wasser auf den Kopf prasseln, solange, bis er über und über nass ist. Ich sitze dann auf der Matte vor der Wanne und warte, bis er wieder hinaussteigt. Während er sich mit einem Handtuch abreibt, schlecke ich ihm die Beine, damit er schneller trocknet. Herrchen mag das zwar nicht, aber was sein muss, muss sein. Anschließend geht er zurück ins Schlafzimmer, um sich Kleidung zu holen, ihr wisst schon, diese Hüllen aus Stoff, die sich Menschen immer überziehen, damit sie

nicht frieren. Mir ist fast nie kalt, aber ich habe ja auch am ganzen Körper Fell. Als nächstes macht Herrchen in der Küche das Frühstück. Er schaltet dieses Gerät ein, ohne das Frauchen nicht auskommt: Die Kaffeemaschine, die sogleich anfängt, komisch zu blubbern. Das ist dann der Moment, an dem das Frauchen aus dem Schlafzimmer getapst kommt und sich noch sehr schlaftrunken eine Tasse Kaffee einschenkt. Weil erst mal nichts mehr passiert, lege ich mich noch einmal auf meinen Platz, um noch ein wenig zu dösen. Als ich noch ganz klein war, durfte ich morgens rasch in den Garten, aber so eilig habe ich es heute nicht mehr.

Irgendwann ist es dann soweit: Herrchen zieht sich Schuhe und Jacke an, nimmt seine Tasche und verabschiedet sich von uns. In den ersten Wochen war ich immer sehr enttäuscht, wenn er fortging, doch inzwischen habe ich kapiert, dass er abends wiederkommt. Heute bin ich höchstens noch ein ganz klein wenig traurig. Ich denke auch, dass es wichtig ist, dass Herrchen aus dem Haus geht. Zwar kann ich mir nicht so recht vorstellen, was er den ganzen Tag ohne uns tut, doch ich nehme an, er ist unterwegs um Beute zu machen.

Frauchen und ich bleiben alleine zurück. Habe ich erwähnt, dass ich inzwischen gerne Gassi gehe? Aber ich kann euch sagen, es dauert, bis Frauchen endlich soweit ist. Was die morgens alles zu tun hat! Erst meint sie, sie könne noch in aller Ruhe Zeitung lesen. Ich mache sie auf mich aufmerksam, indem ich ihr meinen Stoffknochen bringe. "Nein, Kira, ich will noch nicht spielen", sagt sie und streicht mir über den Kopf. "Aber wir gehen gleich Gassi."
"*Hoffentlich*", brumme ich und ziehe Frauchen am Hausschuh. Oft schaffe ich es, ihn von ihrem Fuß zu ziehen und wegzulaufen. Endlich wird Frauchen aktiv, rennt hinter mir her und schnappt sich ihren Schuh zurück. Ist das geschafft, geht sie ins Bad. Na endlich! "Ich bin gleich fertig", sagt sie dann, weil ich neben ihr stehe, um sie zur Eile anzutreiben.
Frauchen schmiert sich übrigens keinen weißen Schaum ins Gesicht, und sie stellt sich morgens so früh auch noch nicht in die Wanne um sich nass rieseln zu lassen. Das macht sie immer erst dann, wenn wir vom Gassi zurück sind. Ich habe beobachtet, wie Frauchen morgens Wasser in ihr Gesicht spritzt, und mit einem Griff mit Borsten vorne dran im Mund herumstochert. Dabei entsteht Schaum, der aus dem Mund herausläuft, – ich habe bis heute nicht herausgefunden, wie meine Menschen das machen. Dann schmiert Frauchen sich eine Paste

ins Gesicht, die man hinterher aber nicht sieht. Ganz zum Schluss kämmt sie sich die Haare. Ich werde ja auch oft gekämmt, und das ist richtige Arbeit, schließlich habe ich überall Haare, nicht nur oben auf dem Kopf. Daher verstehe ich nicht, dass Frauchen bei sich so lange fürs Kämmen braucht. Meistens jammert sie dabei vor sich hin. "Wie das wieder aussieht!", oder "das wird heute wohl nichts."

Spätestens dann werde ich ungeduldig. Ich laufe ins Schlafzimmer, um für Frauchen etwas zum Anziehen zu suchen, zum Beispiel diese Stofftütchen, die die Menschen über ihre Füße stülpen. Ich bringe welche zu Frauchen, die sich ganz gewiss darüber freut, nur leider morgens noch viel zu müde ist, um mich zu loben. Irgendwann ist es geschafft, Frauchen ist angekleidet. Dann bekomme ich mein Halsband umgelegt, Frauchen schnappt sich die Leine, zieht Schuhe an, und los geht's.

Wenn wir zurück sind, bekomme ich Frühstück. Anschließend ist es höchste Zeit für ein Verdauungsschläfchen am Vormittag.

Frauchen muss sich derweilen alleine beschäftigen. Sie vertreibt sich die Zeit mit wirklich albernen Dingen. Oft sitzt sie vor einem kleinen Kasten, der Bilder in seinem Deckel haben kann. Davor sind ganz viele Knöpfe angebracht, auf die Frauchen ganz schnell draufdrückt. Ich habe einmal gehört, dass dieser Kasten "Laptop" heißt. Frauchen kann ihn überall in der Wohnung benutzen. Sie sagt dann immer, sie arbeitet. Ich hingegen finde es langweilig und unnötig.

Im Arbeitszimmer steht ein ganz ähnlicher Kasten, nur viel größer. Ich sehe oft zu, wenn Herrchen davor sitzt. Das heißt dann übrigens "spielen", ist aber genauso überflüssig wie Frauchens "arbeiten". Ich persönlich verstehe unter Spielen etwas ganz anderes und kapiere nicht, wie man dabei bloß so still sitzen kann. Etwas interessanter wird es, wenn Herrchen nach einer Weile anfängt, vor sich hin zu brummen. Er sagt dann Sachen wie "blöde Kiste" oder "ich weiß einfach nicht weiter". Ich bin nicht sicher, was er damit meint, aber es muss etwas Lustiges sein, denn Frauchen grinst dann meistens ganz breit. Richtig leid tut mir mein Herrchen aber, wenn er mit hängenden Schultern aus dem Arbeitszimmer geschlichen kommt. "Abgestürzt", sagt er dann ganz traurig.

Sobald ich wieder ausgeruht bin, denke ich, dass Frauchen ein wenig Ablenkung gut vertragen könnte. Also bringe ich ihr meinen Stoffknochen oder eines meiner Schlafkissen, die man so herrlich hin und her schlenkern kann.

Welpenjahr

"Kira, gleich. Lass mich das hier noch schnell fertig machen."
Ich weiß inzwischen, dass dieses "schnell" bei Frauchen eine halbe Ewigkeit dauern kann und so lange möchte ich einfach nicht warten. Oft funktioniert der alte Trick mit dem Hausschuhklauen, aber nicht immer. Manchmal merkt Frauchen gar nicht, wenn ich mit ihrem Schuh davonrenne. Wenn gar nichts hilft, muss ich etwas tun, was ich normalerweise nur im Notfall mache. Aber bitte, sie hat es ja nicht anders gewollt. Ich belle!

"Kira, ruhig", sagt Frauchen, erst mit leiser Stimme, dann immer lauter. Mich freut das ganz besonders, denn nun machen wir gemeinsam Lärm. Zur Belohnung bekomme ich einen Kauknochen. Weil ich den erst ein wenig weich beißen muss, darf Frauchen noch eine Weile arbeiten. Wenn ich keine Lust mehr auf meinen Kauknochen habe, klappt Frauchen ihr Laptop zu und spielt mit mir. Zwischendurch gehen wir spazieren. Die Sommerhitze brachte es mit sich, dass wir eine Zeit lang nur kurz zum Pieseln nach draußen gingen, das richtige Gassi folgte erst wieder gegen Abend und führte uns damals schnurstracks auf die Spielwiese.

Wenn Frauchen nicht arbeitet, tut sich etwas, das sie Aufräumen und Saubermachen nennt. Das ist lustig und ich helfe gerne. Aufräumen bedeutet nämlich, Sachen von einem Ort zu einem anderen zu tragen. Das mache ich mit Vorliebe, und ich denke, ich kann es inzwischen genauso gut wie Frauchen. Sie trägt dann Kleidungsstücke, die abends im Bad liegengeblieben sind, ins Schlafzimmer, ich trage sie weiter in den Flur oder ins Arbeitszimmer. Während Frauchen die Bettdecken aufschüttelt, trage ich meine Kissen zum Lüften in den Garten. Frauchen ist dann meistens schon dabei, mit einem Lappen über die Möbel zu wischen, ich trage noch rasch Herrchens Hausschuhe in den Garten, auch zum Lüften. Ist das erledigt, zieht Frauchen dieses schrecklich laute Gerät mit dem Schlauch vorne dran durch die Wohnung.

"Staubsaugen muss sein", sagt sie, "so wie du schon wieder haarst."
Weil ich dabei nicht helfen kann, ruhe ich mich unter den Couchtisch im Wohnzimmer aus und warte ab, bis Frauchen den Staubsauger durch die anderen Zimmer gezogen hat. Erst wenn sie das Stück Teppich, auf dem ich liege, absaugen möchte, verziehe ich mich ins frischgeputzte Schlafzimmer. Manchmal füllt Frauchen einen Eimer mit Wasser und schüttet eine stinkenden Flüssigkeit dazu, die Putzmittel heißt. Dann tunkt sie einen Lappen, der an einem Stiel befestigt wird, in den Eimer, und schrubbt damit über den Fußboden, bis er überall

nass ist. Diese Arbeit beobachte ich besser vom Schlafzimmer aus, denn wenn ich über den nassen Boden tappe, meckert Frauchen. Aber das tut sie auch, wenn Herrchen über das frischgewischte Parkett marschiert. "Man sieht überall eure Fußabdrücke", schimpft Frauchen, "was glaubt ihr eigentlich, warum ich hier wische?"

Ich habe ehrlich gesagt keine Ahnung, warum sie das tut, denn hinterher riecht der Boden sehr unangenehm. Aber wahrscheinlich fällt das den Menschen gar nicht auf.

Ein- oder zweimal in der Woche sucht Frauchen alle Kleidungsstücke zusammen, die sie finden kann und stopft sie in diesen großen Kasten im Bad, der anschließend mindestens eine Stunde lang einen Riesenlärm macht. Wenn er sich beruhigt hat, holt Frauchen die Sachen, die dann ganz nass sind, wieder heraus, legt sie in einen Korb, den sie in den Garten trägt. Dort hat sie ein Gestell mit vielen Schnüren dran aufgebaut, an denen sie die nasse Kleidung befestigt. Weil ich zu klein bin, um die Schnüre zu erreichen, helfe ich, indem ich die Sachen im Gras ausbreite. Wenn es regnet, trägt Frauchen den Kleiderkorb in den Keller. Ich warte meistens oben und passe auf die Wohnung auf. Früher, als ich noch sehr klein war, hatte ich Angst, alleine zu bleiben. Frauchen trug also erst ihren Korb die Treppe hinunter, dann mich hinterher. Unten angekommen durfte ich wieder laufen, und in dem Raum, in dem unsere Wäsche aufgehängt wird, Spinnen jagen. Wenn Frauchens Waschkorb leer war, wurde ich hineingesetzt und wieder nach oben getragen. An Tagen, an dem wir unsere ganze Wäsche nass gemacht und auf die Schnüre gehängt haben, sucht Herrchen abends oft vergeblich etwas zum anziehen.

"Wo ist denn meine Gassihose?", fragt er dann ratlos, während Frauchen mit den Schultern zuckt und "die habe ich gewaschen" murmelt. Dem armen Herrchen bleibt gar nichts anderes übrig, als die ganzen Sachen, die Frauchen nach draußen oder in den Keller getragen hat, wieder einzusammeln.

Wenn ich ganz ehrlich sein soll, verstehe ich den Aufwand mit der Wäsche nicht, denn hinterher stinken die Sachen einfach grässlich. Ich mag es lieber, wenn die Kleidungsstücke so angenehm nach Herrchen oder Frauchen durften. Da verstehe einer die Menschen!

Es gibt Tage, da geht auch Frauchen ohne mich aus dem Haus.
"Tschüß Kira, ich gehe einkaufen", sagt sie dann.
Manchmal bleibe ich ganz alleine und passe auf, dass nichts passiert, bis sie wieder zurück ist.
"Kira, wie kommt eigentlich die ganze Blumenerde auf den Boden?"

Welpenjahr

"Im Blumentopf hat sich etwas bewegt, ich schwör's", versichere ich dann schwanzwedelnd.

Oft kommen Mama oder Papa zufällig gerade dann zu Besuch, wenn Frauchen fort muss. Das finde ich richtig aufmerksam, denn wenn ich ehrlich sein soll, besonders gerne bin ich nicht alleine. Es ist viel lustiger, wenn jemand zum Spielen da ist, und ich gebe mir die größte Mühe, meine Gäste so gut ich kann zu unterhalten.

"Der Hund ist anstrengend", sagte Papa einmal. Ich denke, dass er sehr gerne mit mir spielt. Mama ist eine schier unerschöpfliche Quelle für Leckereien.

"Was will die Kira denn?", fragt sie mich oft, "will die Kira einen Keks?" Wenn ich dann besonders lieb schaue, bekomme ich einen. Mir ist übrigens aufgefallen, dass Herrchen und Frauchen niemals Leckerli bekommen. Ob es daran liegt, dass die beiden nicht so lieb gucken können?

Mir war lange nicht klar, was Frauchen eigentlich tut, wenn sie außer Haus ist. Mittlerweile weiß ich, dass auch sie unterwegs ist, um Beute zu machen. Jedenfalls kommt sie oft mit vielen prall gefüllten Taschen und Kisten zurück.

"Kira, ich habe dir etwas mitgebracht", sagt sie dann, und ich bekomme einen frischen Kauknochen oder ein neues Spielzeug.

Als ich Frauchen das erste Mal zum Beutemachen begleiten durfte, habe ich nicht schlecht gestaunt! Wir fuhren mit dem Auto zu einem riesengroßen Laden, in dem es nichts anderes gibt als Hundefutter und Spielsachen. Ich wusste gar nicht, wohin ich zuerst schauen sollte. Lange Regalreihen voller Hundekekse, Kauknochen in jeder Größe, Leckereien aller Art! Die Menschen schoben große Karren vor sich her, die mir erst gar nicht geheuer waren. Aber auch Frauchen packte Tüten und Päckchen in einen dieser Karren. Ich fand das damals sehr mutig von ihr. Heute weiß ich, dass man das im Hundefutterladen eben so macht. Ich vermute also, dass Frauchen auf der Jagd nach Tüten und Päckchen ist, wenn sie sich wieder einmal ohne mich auf den Weg macht.

Ich weiß nicht, ob Herrchen einen genauso arbeitsreichen Tag hatte wie wir, wenn er abends nach Hause kommt. Auf jeden Fall freue ich mich immer riesig ihn zu sehen, und das zeige ich ihm, indem ich um ihn herumhüpfe, ganz doll mit dem Schwanz wedele und ihm ein Geschenk überreiche. Ihr wisst schon, Dinge, die man zur Begrüßung herbeiträgt: Hausschuhe, Stoffknochen, Geschirrtücher.

"Hallo, alte Kanalratte", sagt er oft, allerdings bin ich nicht sicher, ob er damit mich oder das Frauchen meint.

Später widmet sich Frauchen einer Tätigkeit, die sie "kochen" nennt. Mit der Zubereitung meines Futters hat das wenig zu tun, denn meine Kringel werden bloß eingeweicht und mit Gemüse oder Fleisch gemischt. Herrchen ist da schon anspruchsvoller. Mit eingeweichten Kringeln würde er sich, glaube ich, nicht zufrieden geben. Deswegen kramt Frauchen etwas Essbares aus ihrem Futterschrank in der Küche hervor und schüttet es in einen Topf. Ich habe einmal gesehen, wie sie Fleischscheiben erst in Ei, dann in bröseligem Zeug wälzte. Das Ganze kam dann in die Pfanne und blieb solange auf dem Herd stehen, bis es ganz streng roch. Das hieß dann "Schnitzel".

"Der Teil zwischen dem Verbrannten und dem Rohen in der Mitte ist köstlich", sagte Herrchen.

Manchmal kocht Frauchen etwas, das sie "Pizza" nennt. Wenn es Pizza gibt, liege ich in der Küchentür, weil Frauchen mir immer etwas Käse abgibt, – so komischen weißen, der eigentlich nach gar nichts schmeckt. Aber erst mischt sie Pulver aus ihrem Futterschrank mit Wasser, bis es zu einer klumpigen Masse wird, die sie schließlich auf einer großen Metallplatte flachdrückt und leckere Sachen wie Schinken und Käse darauf verteilt. Dann schiebt sie die Pizza in den Backofen, ihr wisst schon, das ist dieser Kasten, der manchmal ganz heiß wird und in den die Menschen ihr Futter stellen, solange, bis es anfängt komisch zu riechen.

Herrchen freut sich, wenn es Pizza gibt. Bis auf dieses eine Mal. Meine Menschen hatten sich entschlossen, am niedrigen Tisch im Wohnzimmer zu essen, weil sie gleichzeitig fernsehen wollten. Herrchen saß im Sessel und schnippelte an seiner Pizza herum. Irgendetwas musste schiefgegangen sein. Plötzlich kippte der Teller mit samt Pizza vom Tisch und fiel nach unten. Nicht auf den Boden, sondern auf Herrchens Füße. Der schimpfte und fluchte. Frauchen lachte.

"Ihhh, ist das heiß", jammerte Herrchen, während ich Pizza vom Boden leckte. Frauchen lachte noch immer.

Also ich weiß schon, warum ich mein Futter höchstens lauwarm mag. Damit Herrchen nicht dauernd sein Essen auf den Boden schmeißt, setzen sich meine Menschen zur Futteraufnahme meistens an den Tisch in der Essecke neben der Küche. Ich habe gehört, dass manche Hunde bei Tisch betteln, oft so erfolgreich sind, dass sie Menschenfutter heruntergereicht bekommen. Auf diese Idee käme ich nie. Betteln bei

Tisch finde ich ungebührlich, und ich habe das sichere Gefühl, dass Herrchen und Frauchen ein solches Benehmen nie tolerieren würden. Wenn die beiden beim Essen sitzen, beachten sie mich ohnehin nicht. Ich schließe daraus, dass meine Menschen dann ihre Ruhe haben wollen und störe sie nicht weiter.

"Wenn ihr irgendjemand beim Essen was zusteckt, gibt's Ärger", verkündete Herrchen einmal, "dann weiß sie nämlich, dass sie bei Tisch erfolgreich schnorren kann."

Dieser Ernstfall ist bis heute nicht eingetreten, und so finde ich die Futterzeiten meiner Menschen eher langweilig. Was nicht heißen soll, dass ich nicht meinen Anteil möchte, wenn Herrchen und Frauchen im Wohnzimmer auf der Couch sitzen und sich etwas zum Naschen zwischendurch genehmigen.

Ich verdeutliche mein Anliegen, indem ich mich vor meinen Menschen setze, und ihn mit der Pfote anstoße. So habe ich das schließlich gelernt.

"Was willst du denn?"

Herrchen und Frauchen werden es wohl nie kapieren! Also laufe ich voraus, um ihnen den Weg zum Abstellraum zu zeigen. Dort nämlich werden die Leckerlis aufbewahrt. Schließlich ist es nur gerecht, wenn auch ich abends zum Fernsehen etwas zum Knabbern bekomme, oder?

Apropos Fernsehen, – das ist eine menschliche Angewohnheit, deren tieferer Sinn mir bis heute nicht einleuchtet. Herrchen und Frauchen schauen abends manchmal fern. Das bedeutet, dass sie auf dieses sonderbare Gerät starren, auf dem man ganz kleine Menschen und mancherlei wundersame Sachen sehen und sogar hören kann. Ich finde fernsehen langweilig. Das einzig Gute ist, dass Herrchen beim Fernsehen immer eine Hand frei hat, um mich zu kraulen.

Einmal in der Woche übrigens muss Herrchen abends ganz pünktlich vor den Fernseher, dann nämlich, wenn dort viele kleine Menschen hinter einem Ball herlaufen. Das ist sehr wichtig und heißt Fußball oder auch Bundesliga. Zu diesem Brauch gehört es, dass Herrchen sich aufregt und mit dem Fernseher schimpft. Besonders, wenn "der VfB spielt".

"Was tun die eigentlich für das viele Geld, das die verdienen?", mosert er dann. Manchmal, ganz selten, freut er sich auch. Es ist auf jeden Fall ein sehr sonderbares Ritual und ich weiß eigentlich noch immer nicht so recht, was es bedeutet. Warum sollte man sich freiwillig ärgern? Ich habe festgestellt, dass es beim Fußballgucken noch eine Steigerungs-form gibt: Länderspiel, Halbfinale oder auch Endspiel. Wahrscheinlich gibt es da verschiedene Namen, aber auf jeden Fall ist es sehr bedeutend. Dass es wieder einmal soweit ist, merke ich, wenn Herrchen sich ein großes Glas mit seltsam riechender Flüssigkeit mit Schaum oben drauf auf den Tisch stellt. Dann holt er sich eine Tüte mit Leckerlis nur für Menschen und setzt sich mit wichtiger Miene in den Sessel. Alles andere verhält sich genauso wie beim Bundesligagucken. Herrchen schimpft und regt sich auf. Als ich noch sehr klein war, wollte ich ihn bei solchen Gelegenheiten immer aufmuntern und ablenken, indem ich ihn zum Spielen aufforderte.

"Weiß der Hund eigentlich nicht, dass es noch eine zweite Halbzeit gibt?", beschwerte sich Herrchen dann.

Heute ziehe ich es vor, beruhigend auf ihn einzuwirken. Ich lege mich auf seine Füße und lasse mich kraulen. Ich habe den Eindruck, das besänftigt ihn ein wenig, und so nehme ich es gerne auf mich, an Herrchens Seite das Fußballritual zu absolvieren. Was tut man nicht alles für seine Menschen.

Auch Frauchen hat ihre eigenen Gepflogenheiten im Umgang mit dem Fernsehen, denen sie sich mit Vorliebe am späten Abend widmet, wenn ich eigentlich schon längst schlafen möchte. Es ist das Vor-dem-Fernseher-eindösen, das Frauchen regelmäßig betreibt. Wenn ich müde bin, lege ich mich hin und schlafe, so einfach ist das. Herrchen macht es genauso, nur Frauchen kriegt das bis heute nicht richtig hin. Oft bleibt sie noch im Wohnzimmer sitzen und guckt fern, wenn eigentlich Schlafenszeit ist. Zumindest behauptet sie, dass sie das tut. In Wirklichkeit schläft sie innerhalb kürzester Zeit ein, wacht mitten in der Nacht ganz verdutzt auf, schaut entsetzt zur Uhr und tapst schleunigst ins Schlafzimmer. Natürlich bin ich dann auch wieder wach. Eine sehr störende Angewohnheit von Frauchen, finde ich. Aber ich glaube, sie sieht das inzwischen ähnlich, denn oft verzieht sie sich frühzeitig ins Schlafzimmer und weil dort auch ein Fernsehgerät steht, guckt sie vom Bett aus. Zu diesem Zweck wickelt sie sich bis zur Nasenspitze in ihre Decke ein und macht die Augen zu. Der Fernseher geht dann nach einer Weile von alleine aus, meistens jedenfalls. Wenn er das nicht tut, muss Herrchen das erledigen, wenn er irgendwann in der Nacht aufwacht. Er brummelt dann unverständliche Worte wie "wozu hat das Ding denn eine Zeitschaltuhr?", und schläft sofort weiter. Ich bin froh, dass wieder Ruhe ist, denn schließlich wartet ein weiterer arbeitsreicher Tag auf uns.

15 Endlich Wochenende

Wochenende heißen solche Tage, an denen Herrchen morgens nicht loszieht, um Beute zu machen. Stattdessen geht er mit mir spazieren, während Frauchen noch ungewaschen und mit zerzauster Frisur am Frühstückstisch sitzen bleibt. Manchmal geht aber auch Frauchen mit mir Gassi, obwohl Wochenende ist. Herrchen schläft dann noch und wir bemühen uns, ganz leise zu sein. Ab und zu schleiche ich trotzdem ins Schlafzimmer und schaue nach, ob Herrchen schon wach ist. Ich lege ihm vorsichtig einen Kauknochen oder einen Ball aufs Kissen, nur für den Fall, dass er Hunger kriegt oder spielen möchte, wenn er aufwacht. Manchmal blinzelt er mich verschlafen an und freut sich über meine Geschenke.

"Kann man hier eigentlich nie ausschlafen?", lobt er mich dann.

Die Spaziergänge mit Herrchen sind wirklich toll! Er kommandiert nicht so viel herum wie Frauchen, die ja dauernd meint, mir etwas beibringen zu müssen. Stattdessen gehen wir richtig weit und finden immer etwas Neues. Letztens sind wir an einem Bach vorbeikommen und von einem Ufer zum anderen gesprungen, um festzustellen, wer als erstes ins Wasser rutscht. Ich habe verloren.

Herrchen warf anfangs gerne mit Sachen, die er unterwegs fand: Stöckchen, Dreckklumpen oder Maiskolben, die abgerissen auf dem Weg lagen.

"Kira, brings!", rief er dann, doch ich wusste gar nicht, was er von mir wollte. Erst dachte ich, es wäre bei den Menschen üblich, beim Werfen irgendetwas zu rufen, aber heute weiß ich es besser. Sie wollen, dass ich zu dem Geworfenen laufe und es zurückbringe. Das hat mir Frauchen erklärt. Die hatte nämlich eines Tages beim Gassi einen Ball dabei. Frauchen warf, und ich brachte ihn zurück. Fragt mich nicht warum, ich hatte so eine Ahnung, dass sie genau das von mir wollte. Sie freute sich riesig und ich war sehr stolz. Bis zu dem Moment, als Frauchen den Ball wieder fortwarf. Was sollte das? Wollte sie den Ball gar nicht haben? Ich war ratlos.

"Kira, bring", sagte Frauchen. Ich schaute sie fragend an.

"Bring", sagte sie wieder und wies mit dem rechten Arm in Richtung Ball, der ein Stück weit entfernt lag. Wie bitte? Ich dachte nach. Frauchen marschierte los und holte den Ball. Dann warf sie wieder. Diesmal war ich schnell, rannte sofort hinterher und schnappte den Ball im Flug.

"Bring", rief Frauchen, "hier her."

Also trabte ich, den Ball im Maul zu Frauchen.

"Toll!", freute sie sich, "brav bring!"

Fortan spielten wir oft Ballwerfen und Zurückbringen, und es machte uns beiden großen Spaß.

Herrchen hingegen musste dieses Spiel erst lernen. Er nahm damals auch keinen Ball mit, wenn wir spazieren gingen, sondern warf mit Dingen, die er unterwegs fand.

Manchmal schnappte ich mir ganz schnell die Beute und flitzte davon. Herrchen freute sich und lief hinter mir her. "Kira, bring! Sofort!", rief er dann.

Wenn ich aber wollte, dass Herrchen noch einmal warf, trug ich den Ast oder Maiskolben zu ihm zurück. Was soll ich sagen! Es funktionierte. Herrchen lernt schnell, wenn man ihm richtig erklärt, was er tun soll.

Frauchen hingegen fand es überhaupt nicht gut, wenn Herrchen mit Dingen warf, die er unterwegs fand.

"Stöckchen werfen ist viel zu gefährlich", sagte sie, "das kann es zu schlimmen Verletzungen kommen, wenn der Hund so schnell rennt, dass er am Ziel ist, bevor der Stock landet."

"Dieser Hund rennt nicht schnell", meinte Herrchen und warf mir einen skeptischen Seitenblick zu. Ich schnappte mir Herrchens Hausschuh, um zu demonstrieren, dass ich sehr wohl schnell rennen konnte.

"Außerdem", dozierte Frauchen weiter, "sollte man nur etwas werfen, was sie auch finden und zurückbringen kann. Also keine Dreck-klumpen, lieber einen Ball. Kira ist ein Apportierhund."

"Dieser Hund bringt aber nichts zurück!", beschwerte sich Herrchen, und ich legte ihm den Hausschuh, mit dem ich abgehauen war, vor die Füße.

Frauchen grinste. "Na also. Brave Kira."

Fortan war mein Ball auch für Herrchen fester Bestandteil unserer Spaziergänge.

Am schönsten aber ist es, wenn wir am Wochenende alle zusammen einen Ausflug machen. Schon alleine dieses Wort: Ausflug! Klingt fast schöner als Keks, wenn ich es mir recht überlege.

"Kira, wir machen einen Ausflug. Mit dem Auto!"

Ich freue mich dann so sehr, dass ich durch die Wohnung hüpfe und meine Menschen zur Eile antreibe. Ich liebe es, Auto zu fahren. Zu-nächst bekomme ich mein Geschirr angelegt, das ich immer beim Autofahren trage, damit meine Menschen mich an diesen Gurten festklicken können, die hinten an der Sitzlehne im Auto hängen. Warum sie das tun, weiß ich nicht, schließlich gehöre ich nicht zu den Hunden, die beim Autofahren dauernd herumhüpfen. Im Gegenteil, ich hocke brav hinter dem Fahrersitz. Seit ich groß genug bin, um an das Fenster zu reichen, schaue ich hinaus und wundere mich, wie schnell die Landschaft vorbeiflitzt. Frauchen jedoch erzählte irgendetwas von "Sicherheit" und "dass der Hund nicht durch die Scheibe fliegt, wenn man stark bremst", als sie eines Tages dieses Geschirr anschleppte. Ich muss es nun vor allem dann tragen, wenn wir längere Fahrten mit dem Auto unternehmen, bei kürzeren Strecken sind meine Menschen da doch erstaunlich nachlässig, wie ich finde. Das Schönste am Autofahren ist, dass es am Ziel immer irgendetwas Spannendes zu erleben gibt, abgesehen von den Tierarztbesuchen natürlich. Wenn wir einen Ausflug machen, dann fahren wir an Orte, an denen das Spazierengehen besonders großen Spaß macht, und wo ich noch nicht jeden Grashalm und jeden Stein kenne. Wir fahren irgendwohin, wo es besonders viele Wiesen gibt, auf denen man herumhüpfen kann, oder auch in den Wald. Dort gibt es gibt für mich jede Menge Äste zu tragen, sogar so große, dass Herrchen mir beim Schleppen helfen muss. Oder wir balancieren auf Baumstämmen, die am Wegesrand liegen. Das ist sehr spannend, weil man aufpassen muss, dass man nicht abrutscht.

Ich habe übrigens die Vermutung, dass im Wald Tiere wohnen, die ich noch gar nicht kenne. Außerdem ist es dort stets angenehm kühl, sogar dann, wenn die Sonne scheint und es einem unangenehm warm unter dem Pelz wird. Am allerbesten aber ist, wenn uns der Ausflug an einen Ort führt, wo es Wasser gibt. Durch Bäche oder Gräben zu pflügen ist wirklich lustig, vor allem, wenn man versucht, im Wasser so schnell zu rennen, dass es richtig weit spritzt. Vor kurzem haben wir bei einem unserer Ausflüge einen richtigen See entdeckt! Habe ich erwähnt, dass ich Wasser liebe? Ich konnte mich vor Begeisterung kaum bremsen! Ganz nahe am Ufer schwammen unzählige Stöckchen, und ich wollte sie alle haben! Erst traute ich mich ja nicht, ganz ins Wasser zu gehen, und so beugte ich mich vorsichtig so weit vor, wie ich konnte, um möglichst viele Äste heraus zu angeln. Ich war sehr erfolgreich, das könnt ihr mir glauben. Doch was tat Herrchen? Der warf meine sorgsam erbeuteten Stöckchen zurück in den See! Da blieb mir natürlich nichts anderes übrig, als hinterher zu schwimmen. Beim großen Hund, das war vielleicht anstrengend! Seid ihr schon mal geschwommen und hattest dabei Stöckchen im Fang? Ich musste mich gewaltig anstrengen, doch ich denke, ich machte meine Sache sehr gut. Das merkte ich daran, dass die Leute, die in der Nähe am Seeufer saßen, begeistert zuschauten, wie gekonnt ich Stöckchen aus dem Wasser fischte.

Nachdem Herrchen nicht aufhörte, meine Beute immer wieder zurückzuwerfen, trug ich sie ordentlich weit vom See weg und ließ sie dort liegen, wo er sie nicht so leicht wiederfinden konnte. Oder ich trug meine Äste zu den anderen Leuten, in der Hoffnung, dass wenigstens die meine Schwimmkünste zu würdigen wussten.

"Jetzt spielt sie wieder den Clown", sagte Frauchen, aber das stimmte nicht. Ich musste schließlich zeigen, wie Hund formvollendet Stöckchen rettet, diese hinterher ordentlich beutelt und sich anschließend elegant über die Wiese kugelt. Den fremden Leuten zumindest hat meine Vorstellung gefallen, und ich fand, dass wir einen wunderschönen Ausflug hatten. An den See fahren wir bis heute gelegentlich. Wenn es dort nichts gibt, was ich retten könnte, dann helfen meine Menschen mit einem Ball nach. Im Wasser apportiere ich besonders gerne, und meine Menschen freuen sich, wenn ich Spaß dabei habe.

Wenn wir am Wochenende daheim sind, dann lasse ich mein Herrchen nicht aus den Augen und verfolge ihn auf Schritt und Tritt.
"Der Hund ist lästig", sagt er manchmal, und weil Frauchen dann immer lacht und mir über dem Kopf streicht, weiß ich, dass ich es richtig mache. Ich bin sicher, dass Frauchen möchte, dass ich gut auf Herrchen aufpasse, wenn er daheim ist. Und das tue auch. Ich erinnere mich, wie er einmal fast sauer geworden ist deswegen. Frauchen war nicht da, und Herrchen dachte, er könne es auch einmal mit Aufräumen und Saubermachen versuchen. Er spülte Geschirr, ich stand hinter ihm. Er putzte das Bad, ich beobachtete jede Handbewegung. Ich bin sicher, Frauchen hätte es nicht anders gemacht. Dann wollte er Wäsche in den Keller tragen, und ich zeigte ihm den Weg zum Trockenraum.
Irgendwann hatte Herrchen genug.
"Kira, jetzt lass mich mal in Ruhe!"
Da stand ich nun und sah ihn mit großen Augen an. Ich wollte doch nur helfen! Ich trollte mich beleidigt auf meinen Platz und rührte mich erst wieder, als Frauchen nach Hause kam. Ich hoffe, dass Herrchen nicht so schnell wieder auf die Idee kommt, Aufräumen und Saubermachen zu spielen.

Viel lieber mag ich es, wenn er sich ausgiebig mit mir beschäftigt.
"Kira, jetzt lass mich doch ein wenig am Computer spielen", sagt er dann. Ich höre "spielen" und bringe meinen Ball.

"Du nervst!", meint Herrchen, wenn ich neben ihm sitzen bleibe und ihn beobachte.

"Spiel mit deinem Ball", fordert er mich auf und wirft den Ball in den Flur.

Ich freue mich, dass Herrchen Lust zum Spielen hat, und bringe ihm den Ball. Oder einen Stoffknochen.

"Draußen apportierst du doch auch nichts!", lobt Herrchen und wirft erneut. "Jetzt lass mich in Ruhe!"

Ich trage den Ball zurück. Herrchen setzt sich endlich zu mir auf den Boden. Brav! "Dann spielen wir eben."

"Nöö, jetzt mag ich nicht mehr", erkläre ich und lege mich auf meinen Platz, um ein Schläfchen zu halten.

"Du kannst mich hier doch nicht einfach sitzen lassen!", ruft Herrchen mir hinterher.

Manchmal, nachmittags, liegt Herrchen auf der Couch, hat die Augen geschlossen und tut *nichts*!

"Ich lege mich eine halbe Stunde hin", sagt er dann. Ich weiß aber, dass ihm furchtbar langweilig ist, und er es sehr schätzt, wenn ich ihn ein wenig unterhalte. Ich setzte mich vor ihn hin und stupse ihn mit der Schnauze.

"Kira, ich möchte etwas schlafen", sagt er dann.

Ich stupse wieder.

"Los, leg dich auch etwas hin. Du bist doch bestimmt müde."

Es mag schon sein, dass ich müde bin, doch es geht nun einmal nicht an, dass ich Herrchen so gelangweilt herumliegen lasse.

Letztendlich freut er sich auch, wenn ich ihn zum Spielen ermuntere, denn es dauert nie lange, bis er sich zu mir auf den Fußboden setzt und mit mir balgt. Oder wir spielen "Schmusi". Das bedeutet, dass wir versuchen, uns gegenseitig in Ohren oder Hals zu beißen. Sehr behutsam natürlich. Eben Schmusi.

"Warum läuft mir der Hund eigentlich das ganze Wochenende hinterher?", wundert sich Herrchen oft.

"Sie mag dich halt", sagt Frauchen. Und das stimmt auch.

16 Unser Rudel, Gäste und andere Menschen

Bevor ich bei Herrchen und Frauchen einzog, kannte ich nur einige wenige Menschen. Die Leute, die damals für uns sorgten, als meine Geschwister und ich noch in diesem Stall wohnten, und die, die kamen, um uns Welpen anzugucken. Dann wurde ich von Frauchen und Herrchen adoptiert. Papa und Mama gehören auch zu unserem gemischten Menschen- und Hunderudel, obwohl sie nicht bei uns wohnen. Deswegen besuchen wir uns gegenseitig. Im Laufe der Zeit habe ich herausgefunden, dass Mama und Papa immer dreimal klingeln, ... ring .. ring ... ring ..., wenn sie zu mir kommen. Ich freue mich dann so sehr, dass ich erst eine Weile vor Begeisterung durch die Wohnung hüpfe, um die beiden zu begrüßen. Zu meiner Schande muss ich gestehen, dass ich anfangs vor Aufregung immer in den Flur gepieselt habe, wenn Papa auftauchte. Es lief einfach und ich konnte nichts dagegen tun. Peinlich. Zum Glück ließ sich dieses Problem recht einfach beheben. Nachdem klar war, dass mir diese Missgeschicke nur während der Begrüßung passierten, änderten Papa und ich unser Willkommensritual. Anstelle des wilden Herumhüpfens im Flur samt dem prompt folgenden Malheur, gab es nun eine Runde Knuddeln und Schmusen auf meinem Platz. So halten wir es übrigens bis heute.

Um Papa und Mama zu besuchen, muss man eigentlich nur ein kleines Stück zu Fuß gehen, ist gar nicht so weit. Obwohl ich natürlich lieber mit dem Auto fahre und erst dort spazieren gehe, schon deswegen, weil es gleich ums Eck eine feine Wiese zum Toben gibt. Eigentlich ist es gar keine richtige Wiese, sondern ein großer Hügel, über und über mit Gras bewachsen. Dort spielen wir Ball oder Fangen, bevor wir Gassi gehen. Dann renne ich was das Zeug hält auf den Hang und wieder hinunter und versuche, unten so geschickt zu bremsen, dass ich mich nicht überschlage. Einmal habe ich dabei sogar den Papa über den Haufen gerannt. Ganz aus Versehen, versteht sich. Während er versuchte, wieder auf die Beine zu kommen, entdeckte ich, dass er seinen Hut verloren hat. Ich natürlich nichts wie hin, fang den Hut und ab in das nächste Feld. Das war vielleicht ein Spaß!

Wenn wir zum Essen bleiben, bekomme ich Selbstgekochtes! Huhn mit Reis oder so, auf jeden Fall sehr lecker.
"Warum kriege ich das nicht immer?", frage ich dann immer sehr vorwurfsvoll das Frauchen, doch die zuckt nur mit den Schultern.
"Im Trockenfutter ist halt alles drin, was du brauchst", erklärt sie mir. Hat die eine Ahnung, was ich brauche!

Bei Papa und Mama daheim gibt es keinen Garten, so wie bei uns, sondern einen Balkon; das ist so eine Art Terrasse mit Mauer ringsherum, immer gut für ein Schläfchen zwischendurch. Natürlich nur, wenn ich dazu komme. Schließlich muss ich stets auf der Hut sein, ob Mama nicht vielleicht doch noch einen Keks für mich holt. Allerdings merkte ich schon bald, dass Papa und Mama sehr wohl einen Garten haben, aber nicht dort wo sie wohnen, sondern ganz bei uns in der Nähe. Wenn wir wollen, kommen wir beim Gassi daran vorbei. Ist das nicht seltsam? An dieses Durcheinander musste ich mich erst einmal gewöhnen! Zu "Papa in den Garten", gehe ich übrigens für mein Leben gern. Dort darf ich nämlich viel mehr als bei uns daheim. Ich kann buddeln soviel ich möchte, mir Äste zusammensuchen und in die Hecke am Zaun kriechen.

Auf dem Balkon wohnt übrigens ein ganz merkwürdiger Zeitgenosse. Zunächst konnte ich mir nicht erklären, was es darstellen sollte: klein, eine harte, ovale Schale, unter der vier Füße und ein Kopf hervorlugten. Ich ging ganz nah heran und beschnupperte das merkwürdige Etwas. Schwups, plötzlich waren Kopf und Füße verschwunden. Ich fragte mich schon, ob ich es vielleicht kaputtgemacht hatte, als Frauchen das Ding hochhob und über die Schale streichelte. Prompt kamen Kopf und Füße wieder zum Vorschein. "Das ist Daisy", erklärte sie, "eine Schildkröte. Kira, du tust ihm nichts, ja?" Ich hatte ja nur schauen wollen. Und wieso "ihm"? Ich fragte mich, wie eine männliche Schildkröte zu einem so albernen Namen gekommen war. Manchmal versuche ich Daisy damit aufzuziehen, doch er reagiert überhaupt nicht. Immerhin zieht er sich nicht mehr in seinen Panzer zurück, wenn ich ihn besuche. Das lässt hoffen. Trotzdem werde ich aus dem Kerl nicht schlau. So sehr ich mich auch bemühe, er tut nichts. Wenn ich ihn schwanzwedelnd begrüße, bekomme ich keine Antwort. Wenn ich ihn anstupse oder mit der Pfote berühre, reagiert er nicht. Einmal habe ich es sogar mit Drohen versucht und ihn angeknurrt, nur um eine Regung zu provozieren. Vergeblich. Bellen nützt auch nichts, außer dass dann gleich Frauchen angerannt kommt, einen Finger vor den Mund hält und "Pssst" sagt, als Zeichen dafür, dass ich ruhig sein soll. Ich verstehe einfach nicht, warum Daisy mich ignoriert. Also liegen wir eben beide dösend auf dem Balkon herum.

Mama stellt manchmal einen Napf mit Salat oder geriebenen Karotten vor die Schildkröte, obwohl das nicht in Ordnung ist, denn eigentlich bin ich ranghöher und darf zuerst fressen. Das ist eine Grundregel unter Hunden, und wer das anzweifelt bekommt Ärger. Oder er setzt sich durch und steigt auf. Daisy hat die Rangfolge noch nie angezweifelt, und daher ist es mein gutes Recht, zuerst zu kosten. Also krieche ich vorsichtig näher und futtere ihm sein Grünzeug weg. Er tut auch dann nichts. Er wehrt sich nie, ich habe ihn noch kein einziges Mal bellen gehört, wirklich! Meine Menschen schauen manchmal schmunzelnd zu, wenn ich Daisys Rohkost verspeise und so denke ich, dass ich es richtig mache. Allerdings hege ich den Verdacht, dass er ohnehin meistens heimlich gefüttert wird, entweder in der großen Kiste, wo er gewöhnlich schläft, oder dann, wenn ich gerade einmal nicht hinschaue. Menschen halten sich eben nicht immer an die wichtigen Regeln des Hundelebens.

Ich wohnte noch nicht sehr lange mit Herrchen und Frauchen zusammen, da geschah etwas höchst Merkwürdiges. Zumindest sah ich es damals so, heute weiß ich, es war völlig normal und geschieht öfter. Wir bekamen Besuch. Es war einer dieser viel zu warmen Sommertage, und ich wollte nichts anderes tun, als dösend unter der Gartenbank zu liegen. Natürlich sollte es anders kommen. Ich ahnte, dass irgendetwas vor sich ging an diesem Tag, wir Hunde haben schließlich ein feines Gespür für Veränderungen. Was genau los war, vermochte ich nicht zu sagen, ich bekam allerdings mit, dass Frauchen schon morgens nicht die beste Laune hatte, Herrchen hingegen sein Möglichstes tat, um sie aufzuheitern.
"Alles Gute zum Geburtstag!", rief er fröhlich, "langsam wirst du alt!"
Frauchen brummelte Unverständliches.
"Ja, ja, mit 30 geht es bergab...", meinte Herrchen munter, und Frauchen bewarf ihn mit einem Hausschuh.
Am frühen Nachmittag kamen Papa und Mama zu Besuch. Auch die beiden umarmten das Frauchen und sagten Dinge wie "Herzlichen Glückwunsch" und "Alles Gute zum Geburtstag."
Dann klingelte es wieder. Gut, das passiert öfter. Ich weiß, dass ab und zu der Briefträger läutet, oder auch Nachbarn, die dann etwas mit uns zu bereden haben.

Damals aber waren menschliche Gepflogenheiten wie etwa "Besuch bekommen", völlig neu für mich. Um so erstaunter war ich, als ich feststellen musste, dass nun Leute kamen, die erstens *in* die Wohnung wollten, und zweitens so schnell nicht mehr gingen! Eine Frau, ein Mann und ein kleines Mädchen, und es schien, als ob Herrchen und Frauchen diese fremden Leute kennen würden.
"Alles Gute zum Geburtstag", sagte die unbekannte Frau. Den Spruch kannte ich ja schon.
"Na, wie fühlt man sich mit 30?"

"Das musst du doch besser wissen", antwortete Frauchen und die beiden lachten.

Mir war mir die ganze Angelegenheit äußerst suspekt. Was wollten diese Leute bei uns? Frauchen und Herrchen schienen weit weniger überrascht, schlimmer noch, sie *forderten* sie tatsächlich auf, doch hereinzukommen.

"Das ist also das Hundi", stellte die fremde Frau fest, "die ist ja süß!"

"Darf ich sie streicheln?", fragte das Kind, "bitte, bitte, bitte!"

"Aber ganz vorsichtig", erlaubte Frauchen, "und nur wenn sie will."

Ich wollte nicht. Das Kind lief auf mich zu und streckte die Arme aus. Hilfe! Ich schaute, dass ich fort kam, und rettete mich auf meinen Platz.

"Ich sagte vorsichtig!", erinnerte Frauchen.

"Lass sie erst einmal an deiner Hand riechen", meinte die Frau.

Also hockte sich das Kind vor mich hin und hielt mir ihre Hand vor die Nase.

"Nein, ich will nicht."

Ich verließ meinen Platz und versteckte mich hinter Herrchen.

"Kira, komm doch zu mir!" Aha, Mama rief nach mir. Sie und Papa waren ja auch noch da, und so verkroch ich mich zu Mamas Füßen unter den Esstisch. Das Kind ließ nicht locker und kam quiekend hinterher.

"Jetzt ist Schluss", mahnte die Frau, "wenn sie nicht will, dann lass sie in Ruhe!"

"Vielleicht später", meinte Frauchen, "wenn sie merkt, dass ihr nichts passiert."

Das Kind zog ein beleidigtes Gesichtchen und trollte sich. Fürs Erste.

Aha, dachte ich, die muss auch die Kommandos der Alten befolgen. Sehr interessant. Anschließend saßen die Menschen um den Esstisch herum und taten das, was sie als "Kaffee trinken" bezeichnen. Langweilig! Das Mädchen war wohl der gleichen Meinung und startete einen weiteren Annäherungsversuch. Ich persönlich wusste noch immer nicht, ob ich der Sache trauen konnte. Dazu müsst ihr wissen, dass Kinder ganz komische Wesen sind. Sie riechen merkwürdig und haben seltsam hohe Stimmen. Dann tun sie Dinge, die Hund einfach nicht vorhersehen kann. Meistens bewegen sie sich viel zu hastig und oft quietschen und kreischen sie, wenn man es am wenigsten erwartet. Ich bin übrigens davon überzeugt, dass man sich mit der Zeit daran gewöhnt. Allerdings haben Kinder einen entscheidenden Vorteil gegenüber erwachsenen Menschen: Sie werden genau wie ich herumkommandiert und müssen auf das hören, was andere ihnen sagen. In der Rangordnung stehen sie weit unten, denke ich. Letztendlich habe ich mich doch anfassen lassen. Es wird schon nicht schaden, dachte ich mir, und ich hatte Recht. Das Mädchen strich mir vorsichtig über den Rücken und kraulte mich am Hals. Ich denke jetzt auch, dass man mit Kindern wunderbar spielen kann. Wir haben nämlich ganz ähnliche Interessen. Schon an Frauchens Geburtstag ließ das Mädchen mich unbehelligt einige Platten der Terrasse untergraben. Später gab es zwar Ärger, aber das störte uns wenig.

"Hast du nicht gesehen, was Kira da macht?", motzte Frauchen.

"Doch, aber ich dachte, die darf das!"

"Genau. Nettes Kind."

Bei anderer Gelegenheit untersuchten wir den Teich im Garten, aber nur solange, bis Frauchen uns verscheuchte.

"Ich möchte keinen von euch da drin liegen sehen", meckerte sie. Wir trollten uns und spielten Schuheverstecken mit den Hauslatschen meiner Menschen. Schuheklauen spiele ich ja sehr gerne, doch im Verstecken war das Mädchen viel besser. Herrchen und Frauchen suchten den ganzen Abend. Ich fand das sehr erheiternd.

"Kira, zeig mir, wo sie sind!", forderte Frauchen.

"Nöööö!", meinte ich, obwohl ich genau wusste, wo wir die Schuhe hingetan hatten.

"Die beiden kann man keinen Moment alleine lassen", seufzte Frauchen, "nur Blödsinn im Kopf, einer wie der andere!"

Kurze Zeit nach Frauchens Geburtstag und dem ersten Besuch, den ich kennen gelernt hatte, kamen wieder fremde Leute zu uns, ein Mann und eine Frau. Auch diesmal schien es so, als ob Herrchen und Frauchen sie schon erwartet hätten. Der Mann trug einen großen Korb auf dem Arm, als er unsere Wohnung betrat. Das interessierte mich schon, und so ließ ich den Korb, der im Wohnzimmer auf den Tisch gestellt wurde, nicht aus den Augen. Die fremden Menschen sprachen mit Herrchen und Frauchen, und mir war, als hätte ich auch meinen Namen gehört, doch ich war gar nicht bei der Sache. Ich hatte nämlich entdeckt, was sich in dem großen Korb befand: ein Welpe! Ein ganz junger, kleiner Menschenwelpe! Ich war begeistert! Die Frau holte den Menschenwelpen endlich aus dem Korb hervor und trug ihn auf dem Arm umher. Ich konnte die Augen nicht von ihm lassen und folgte der Frau und dem Welpen auf Schritt und Tritt. Später, als wir alle zusammen auf der Terrasse saßen, durfte ich sogar an der Kleinen schnuppern. Ich muss schon sagen, Welpen riechen einfach süß! Die

Kleine warf mir Spielsachen auf den Boden, doch meistens waren die Alten schneller und hoben alles wieder auf, noch bevor ich etwas erwischen konnte. Ich vermute, dieses Menschenwelpe war damals noch viel zu klein zum Spielen. Nicht einmal richtig sitzen konnte es, geschweige denn ordentlich mit mir herumtollen. Aber das störte mich nicht. Denn als ich es das nächste mal sah, krabbelte es schon ganz munter über den Fußboden. Ich natürlich hinterher. Ich erlaubte sogar, dass es meine Spielsachen benutzte, und das ist bestimmt nicht selbstverständlich. Kurz und gut, ich war begeistert und fand es schade, dass ich den Menschenwelpen nicht behalten durfte. Ich hätte bestimmt gut aufgepasst und ihm alles beigebracht, was ein richtiger Hund wissen muss!

Ich hatte viel Neues über die Menschen erfahren. Sie besuchen sich gegenseitig und reden dann schrecklich viel miteinander. Dann gibt es junge Menschen, Kinder, die genauso wenig dürfen wie ich, und ganz kleine Menschenwelpen, die ich persönlich ganz besonders mag. Vor denen muss man sich überhaupt nicht fürchten, denn sie sind völlig harmlos und können noch gar nichts alleine. Seit ich den kleinen Menschenwelpen kennen gelernt habe, weiß ich übrigens auch, wozu diese komischen Karren da sind, die manche Menschen auf der Straße vor sich herschieben. Da setzen sie ihre Welpen hinein, wenn die Gassi müssen! Könnt ihr euch das vorstellen? Menschenwelpen werden Gassi *gefahren*! Ich musste von Anfang an selber laufen, ob ich nun wollte oder nicht. Die Welt ist ungerecht!

Wenn ich darf, dann gucke ich übrigens in diese Welpenwagen hinein, das kann nämlich sehr nützlich sein. Da wollte doch einmal so ein kleines Menschenmädchen tatsächlich, dass ich den Kuchen bekam, den sie dabei hatte und hielt ihn mir vor die Nase. Ich fraß ganz vorsichtig, um die Kleine nicht zu erschrecken. Frauchen stand zähneknirschend daneben, denn eigentlich darf ich keinen Kuchen haben.
"Es ist ja gut, wenn sie ihre Scheu vor Menschen etwas abbaut", erklärte Frauchen später, "da schadet auch etwas Kuchen nicht."
Als wir das kleine Mädchen wieder trafen, hatte sie eine Brezel dabei, doch obwohl ich ganz lieb schaute, wollte sie mir nichts davon abgeben. Schade. Vielleicht beim nächsten Mal.

17 Urlaub am Meer

Irgendetwas war im Busch, das ahnte ich schon seit Tagen. Meine Menschen waren aufgekratzt und gutgelaunt wie selten, und ich konnte mir einfach nicht vorstellen, warum. Es war nichts vorgefallen, das ihre besonders gute Stimmung begründet hätte.

Eines Tages tat Frauchen nach unserem morgendlichen Gassi etwas sehr Ungewöhnliches. Sie räumte fast die gesamte Kleidung aus dem Schrank im Schlafzimmer und packte sie in zwei große Taschen. Da stand sie dann davor, überlegte, packte alles wieder aus, überlegte wieder, und stopfte die Sachen schließlich zurück in die Taschen. Als sie damit fertig war, räumte sie Lebensmittel in eine Kiste. Besonders beunruhigt hat mich, als sie meine Spielsachen und mein Hundefutter in eine weitere steckte. Und Herrchen? Als er abends zurückkam, war er über Frauchens Verhalten keineswegs erstaunt! Das wunderte mich schon sehr. Ganz im Gegenteil, er trug die vollen Taschen und Kisten aus der Wohnung.

Ich habe meine Menschen den ganzen Abend aufmerksam beobachtet, doch es geschah nichts weiter. Dennoch blieb ich misstrauisch. Am nächsten Morgen waren alle beide vor mir auf, – das an sich ist schon ungewöhnlich. Außerdem hatte ich das Gefühl, dass es wirklich noch sehr früh am Tag war. Draußen war es noch dunkel.

"Haben wir alles?", fragte Herrchen dann, "Ausweise, Landkarte, Thermoskanne..."

"Aber klar", erwiderte Frauchen, "auch Kiras Impfpass und eine Kopie der Hundehaftpflichtversicherung."

"Warum das denn?", wollte ich wissen, aber mir erklärte mal wieder niemand etwas.

"Aha, wir machen einen Ausflug", dachte ich, als ich mein Autogeschirr angelegt bekam. Meine Laune besserte sich schlagartig. Ich liebe Ausflüge! Tatsächlich, wir begaben uns zum Auto in die Tiefgarage und stiegen ein. Der einzige Unterschied zu unseren bisherigen Ausflügen bestand darin, dass meine Schlafdecke auf dem Rücksitz lag.

"Prima. Das ist sehr nett von Frauchen und Herrchen", fand ich und machte es mir gemütlich.

Wir fuhren und fuhren und fuhren. Draußen wurde es langsam hell.

"Sind wir bald da?"

"Hallo Kira, na, wie geht's?", fragte Frauchen und drehte sich zu mir nach hinten.

"Ich möchte mein Frühstück!"

"Kira, musst du mal raus?"
"An der nächsten Raststätte halte ich an", verkündete Herrchen.
"Sind wir dann endlich da?", wollte ich wissen, aber wie immer wurde ich ignoriert.
Als ich endlich aussteigen durfte, traute ich meinen Augen nicht: überall Autos, Menschen und Gestank. Wirklich kein gutes Ausflugsziel, fand ich und sah meine Menschen sehr vorwurfsvoll an.
"Ja Kira, wir fahren gleich weiter", tröstete Frauchen.
"Wie bitte? Ich will nach Hause!"
"Los, wir gehen ein Stück. Die Kira muss pieseln und einen Haufen machen." Herrchen schnappte die Leine, und wir suchten lange nach einem geeigneten Platz.

Die Fahrt nahm kein Ende. Hin und wieder hielten wir an ähnlich netten Plätzchen, um uns die Füße zu vertreten, ich bekam Wasser, und einmal sogar einen Happen zu Fressen.
Ich war enttäuscht. Was hatten sich meine Menschen bloß bei einem derart dämlichen Ausflug gedacht?
Ich langweilte mich grässlich und je länger wir im Auto saßen, desto schlechter wurde meine Laune. Ganz im Gegensatz zu Frauchen und Herrchen, die vergnügt und guter Dinge waren.
"Wir sind gleich an der Grenze", bemerkte Herrchen, "dann dauert es nicht mehr lang."
"Na prima", meinte ich, *"mir reichts nämlich langsam. Und was bitte ist eine Grenze?"*
Trotz Herrchens Ankündigung passierte überhaupt nichts.
"Ist schon faszinierend, dass man nun ohne Kontrolle in ein anderes Land einreisen kann", bemerkte Frauchen, doch mir war das egal. Ich wollte nirgendwo hin, und schon gar nicht in dieses "Belgien", wie meine Menschen die Gegend nannten, durch die wir nun fuhren.

"So, wir sind da", sagte Frauchen, als Herrchen das nächste Mal hielt. "Aussteigen!"
"Wurde auch Zeit. So ein blöder Ausflug!"
Ich sprang gutgelaunt aus dem Auto. Endlich zu Hause!
Könnt ihr euch meinen Schrecken vorstellen, als ich sah, dass wir vor einem völlig fremden Haus standen? Als wir in dieses Haus hineingingen, Herrchen und Frauchen mit einem mir unbekannten Mann sprachen, der uns schließlich zu einem anderen Haus führte und dann wieder verschwand?

Ich hatte nicht die leiseste Ahnung, was hier vor sich ging, aber mir war klar, dass es nichts Gutes zu bedeuten hatte.

"Ist doch gar nicht schlecht", stellte Frauchen fest und ich fand ihre Bemerkung völlig unangebracht.

"Warum sagt mir eigentlich niemand, was hier los ist?"

"Wir haben einen eigenen Garten für den Hund!", freute sich Herrchen.

"Wir haben zu Hause doch auch einen eigenen Garten!" Mein Protest nützte nichts.

"Ich hole unsere Sachen". Herrchen schleppte die Taschen und Kisten, die Frauchen am Tag zuvor so mühevoll eingepackt hatte, ins Haus.

Weil mich ohnehin niemand beachtete, inspizierte ich den Garten. Gar nicht mal schlecht: ein großes Stück Wiese, mit Büschen und Sträuchern umrandet. Trotzdem wäre ich viel lieber daheim gewesen. Doch das interessierte hier niemanden.

"Kira, Futter!", rief Frauchen nach eine Weile, und weil ich sowieso nichts Besseres zu tun hatte, begab ich mich ins Innere des Häuschens. Ein kleiner Imbiss würde nicht schaden. Anschließend sah ich mich in dieser fremden Behausung um, in der meine Menschen mittlerweile unsere mitgebrachten Sachen verteilt hatten. Es gab einen Wohnraum mit Couch und Sessel, daran angeschlossen Küche und Futterplatz für die Menschen. Ich entdeckte einen Schlafraum, und schließlich ein Badezimmer, in dem man wahrscheinlich wie zu Hause die Füße gewaschen bekam, wenn man schmutzig war.

"Kira, jetzt schlaf ein bisschen", ermunterte mich Frauchen. "Wir gehen nachher an den Strand."

"Ist mir egal", schmollte ich. Was bitte war ein Strand? Und wo zum gehörnten Hund fand ich hier einen Schlafplatz? Ich sah mich suchend um. Na immerhin, wenigstens lag mein Bett in einer Ecke dieses Wohnraumes, der mir so fremd war, und weil ich keine Lust hatte, hier zu spielen, hielt ich eben ein Schläfchen.

"Wollen wir Gassi gehen?", fragte Herrchen später und grinste mich ganz freundlich an.

"Vielleicht kommen wir ja dann nach Hause", überlegte ich und war zu allem bereit. Ich täuschte mich gewaltig. Ich war in einer völlig unbekannten Gegend gelandet, in der mir nichts, aber auch gar nichts vertraut war. Doch ich muss eingestehen, dass es Spaß machte, über diese riesige Sandhaufen zu marschieren, die meine Menschen zielsicher angesteuert hatten. Herrchen schnaufte.

"Diese Dünen sind anstrengend, da ist man ja erledigt, bevor man da ist."

Frauchen schien ihm zuzustimmen. Auch sie war ganz außer Atem. Mir persönlich machte der Sand Vergnügen, aber ich hatte ja bereits begriffen, dass Menschen die meisten Dinge ganz anders sehen.

"Wir sind am Meer!", freute sich Frauchen.

"Kira, schau, da vorne!", jubelte Herrchen.

"Wovon redet ihr eigentlich?" Ich war ratlos. Doch dann sah auch ich etwas, ganz in der Ferne, dort wo der viele Sand aufhörte. So viel Wasser! Ich konnte überhaupt nicht erkennen, wo es aufhörte. Vielleicht hörte es ja überhaupt nicht auf? Ganz geheuer war mir das nicht. In der Sandfläche davor gab es riesengroße Wasserpfützen. Vom vielen Laufen war ich mächtig durstig, und ich beschloss, einen Schluck zu trinken. Hmm, schmeckte irgendwie komisch, nicht schlecht eigentlich, ja, sehr interessant. Ich probierte an einer anderen Stelle. So ein Wasser hatte ich noch nie getrunken. Blöderweise half es überhaupt nicht gegen Durst, egal wie viel ich davon schlapperte.

Fortan gingen wir jeden Tag zu diesem großen Wasser, das meine Menschen "Meer" nannten. Weil nur wenige Leute unterwegs waren, hatten wir reichlich Platz zum Spielen, Laufen und Buddeln.

"Im Herbst ist hier einfach nichts mehr los", sagte Frauchen einmal, und Herrchen nickte zufrieden. Daraus schloss ich, dass meine Menschen froh darüber waren, dass wir den Strand fast für uns alleine hatten. Einmal hörte ich, wie Frauchen etwas sagte, das wie "Sommerurlaub" und "Hauptsaison" klang, und ich bin mir fast sicher, dass ich lieber nicht wissen möchte, was genau sie damit meinte. Es hörte sich so an, als ob es eine Zeit gibt, zu der sich alle Menschen zum Meer begeben *müssen*. Warum auch immer.

"Kira, willst du nicht ins Wasser?", fragte mich Frauchen eines schönen Tages.

"Spinnst du? Das Zeug bewegt sich!"

Und Vögel gab es dort! Jede Menge Möwen, wie die Menschen dazu sagten. Ich konnte nicht anders, ich musste einfach hinterher, die "Kira, nein" Rufe geflissentlich ignorierend. Ich hätte auch fast eine erwischt! Da flog doch ein ganzer Schwarm auf diesen länglichen Steinwall zu, der ganz weit ins Meer hineinreichte.

"Jetzt krieg' ich euch", jubelte ich und lief auf diesem Steindings dem Möwenschwarm nach, geradeaus in Richtung Wasser.

"Ha, gleich seid ihr am Ende", dachte ich noch und trabte munter weiter. Plötzlich geschah es: Die blöden Vögel bogen ohne Vorwarnung scharf links ab. Ich hinterher. Dass es ein Fehler war, merkte ich, als ich mit

dem Kopf unter Wasser geriet. Ich fing mit allen vier Pfoten an zu strampeln, und tatsächlich, es funktionierte! Ich tauchte wieder auf und paddelte zurück ans Ufer. Weil Herrchen und Frauchen so dämlich lachten, schüttelte ich mir gleich neben ihnen das Wasser aus dem Fell.

Am nächsten Tag zog sich Frauchen am Strand die Schuhe aus und krempelte die Hosen hoch. Ich überlegte noch, was das wohl zu bedeuten hatte, da marschierte sie schon geradewegs ins Meer hinein! Dummes Frauchen. Ich hatte durch meine Möwenjagd schon Erfahrung mit dem Wasser hier, und ich konnte sie doch nicht einfach in ihr Unglück rennen lassen! Herrchen stand nur da und tat gar nichts. Ich also hinter Frauchen her.
"Das ist die falsche Richtung!", warnte ich sie, indem ich an ihr hochsprang.
"Iiih, Kira, nein!", quiekte sie, doch ich ließ mich nicht beirren. Nicht einmal dadurch, dass ich schon fast bis zum Hals im Wasser stand.
"Kira, Achtung, eine Welle!"
Die Wassermassen warfen mich beinahe um, doch ich gab mein Bestes. Damit Frauchen nicht umfiel, stelle ich mich zwischen ihre Beine, um sie abzustützen.
"Na Kira, ist das fein?"
Ich blickte hilfesuchend zu Herrchen, der noch immer untätig dastand. Na endlich, jetzt zog auch er die Schuhe aus und krempelte die Hosen hoch.
"Hilf mir doch, das Frauchen hier heraus zu holen!"
Doch was tat er? Er lief ins Meer, aber keineswegs dorthin, wo wir standen. Als ob ich es geahnt hätte: Schon bald hatte auch er Probleme.
"Kira, wo bist du?", rief er. "Komm hierher!"
Was sollte ich denn machen? Mein Frauchen alleine zurücklassen?
"Kira!", schrie Herrchen wieder, und mit einem letzten Blick auf Frauchen kämpfte ich mich durch die Wassermassen.
"Mach bloß keinen Blödsinn, bis ich wieder da bin."
Herrchen schien nicht in wirklicher Gefahr zu sein, das bemerkte ich sofort.
"Los zurück!"

Ich sprang an ihm hoch, um mein Anliegen zu verdeutlichen, doch er hüpfte nur fröhlich im Wasser umher. Da sah ich aus dem Augenwinkel, dass Frauchen noch weiter ins Meer hinausgelaufen war. Also nichts wie hin.
"Hallo Kira!", begrüßte sie mich, so als ob nichts wäre. "Baden macht doch Spaß, oder?"

Irgendwann hatte ich es geschafft: Alle beide waren wohlbehalten am Strand angelangt. Ich war völlig erledigt.

"Wenn es wärmer wäre, würde ich ein bisschen schwimmen", erzählte Frauchen noch, und ich hoffte inständig, dass sie nicht noch einmal auf die Idee käme, so einen Blödsinn zu machen.

Unsere Spaziergänge am Meer gefielen mir trotzdem. Ich durfte Herrchen beim Beutemachen helfen, und ich muss schon sagen, wir haben hier einige ganz anständige Stücke entdeckt!

"Nein Kira, wir brauchen kein Fischernetz", erklärte mir Herrchen dann, "und der Lenkdrachen gehört den Kindern dort drüben. Nein Kira, ich möchte keine neuen Badeschlappen..."

Ihr seht, wir hatten viel Spaß am Strand. Andere Hunde trafen wir dort natürlich auch, zu meiner Freude ausnehmend viele Golden Retriever, die wie ich Urlaub am Meer machten. Klar, ist ein prima Reiseziel für Wasserhunde. Habt ihr schon einmal Retriever am Strand toben sehen? Also ich musste hinterher oft in die Badewanne, wo Frauchen mir den Sand aus dem Fell spülte.

Wesentlich weniger gefiel mir das Haus, indem wir nun wohnten.

"Man kriegt ein richtig schlechtes Gewissen, wenn man den Hund so sieht", meinte Herrchen fast jeden Abend.

"Die kann aber auch leidend gucken", stellte auch Frauchen fest.

Was hätte ich tun sollen? Ich wurde immer ganz traurig, wenn wir vom Strand zurück waren. Ich vermisste unsere Wohnung, meine alte Hundewiese, und mir fehlten meine Freunde. War es meine Schuld, dass wir hier sein mussten? Ganz bestimmt nicht. Also schmollte ich. Jedes Mal, wenn wir mit dem Auto fortfuhren, hegte ich die Hoffnung, wieder nach Hause zu kommen. Vergeblich. Ich musste fremde Städte besichtigen, mich in Straßencafes langweilen und sogenannte Sehenswürdigkeiten abklappern, die nun wirklich keinen Hund interessierten.

Nach zwei langen Wochen hatten meine Menschen endlich ein Einsehen. Frauchen suchte unsere Sachen zusammen, stopfte sie wieder in die Taschen und Kisten, Herrchen packte alles ins Auto. Wieder folgte eine sehr lange Fahrt, doch im tiefsten Inneren hatte ich so ein Gefühl, dass unsere Reise diesmal ein gutes Ende nehmen würde. Ich behielt Recht. Wir fuhren nach Hause.

18 Wunderschönes Sauwetter

Zu meinem größten Bedauern musste ich feststellen, dass die abendlichen Spielstunden auf der Hundewiese dem jahreszeitlichen Wandel unterworfen waren. Ich bin ja im März geboren und Mitte Mai zu meinen Menschen gekommen. Dann wurde es Sommer, und das bedeutete, dass wir mittags, wenn es ganz heiß war, nur rasch zum Pieseln nach draußen gingen. Hitze vertrage ich gar nicht gut, und wenn mir die Sonne auf den Pelz brennt, sehe ich zu, dass ich ein kühles Plätzchen finde. Wenn wir im Sommer tagsüber unterwegs waren, dann tippelte ich so schnell ich konnte von einem schattigen Ort zum nächsten. Dort ruhte ich mich aus, und trottete gaaanz langsam, bis zur nächsten sonnigen Stelle, die ich schleunigst hinter mich brachte. Frauchen fand diese Art und Weise des Spazierengehens im Sommer bisweilen etwas nervig. Ihr schien die Hitze weniger auszumachen, im Gegenteil, es kam sogar vor, dass sie sich im Garten absichtlich in die Sonne setzte und das ganz herrlich fand. Aber Frauchen trägt schließlich nicht das ganze Jahr über so wie ich einen Pelzmantel. Die Sommerabende verbrachten wir auf der Hundewiese und oft saßen meine Menschen anschließend noch auf der Terrasse bis es dunkel war. Ich genoss es, so lange draußen bleiben zu dürfen. Dann kam, fast unmerklich, der Herbst. Zunächst fiel mir nur auf, dass es nun tagsüber längst nicht mehr so warm wurde, viel öfter windig war und häufiger regnete. Der Wind brachte es mit sich, dass eine Menge Laub von den Bäumen gewirbelt wurde und lustig auf den Wegen herumwehte. Ich machte es mir zur Aufgabe, möglichst viele der fliegenden Blätter einzufangen, und mich störte es kein bisschen, dass Frauchen gelegentlich hinter mir an der Leine fluchte, wenn ich einen unvorhergesehenen Satz in Richtung Herbstlaub machte.

Es regnete oft, aber das störte mich nicht. Im Gegenteil, Regen mochte ich schon immer! Als ich noch ganz klein war, hat Herrchen mir einmal gezeigt, wie man durch Pfützen hüpft. Ich finde es lustig, wenn das Wasser so richtig spritzt, und ich pflüge mit Vergnügen durch jede Pfütze, die ich finde. Könnt ihr euch vorstellen, was es für einen Spaß macht, über nasse Erde zu laufen? Und erst das Buddeln! Der feuchte Boden ist ganz weich, und es gibt richtig große Löcher!

Mein Frauchen! Die machte sich immer schmutzig, wenn wir bei feuchtem Herbstwetter Gassi gingen! Erdverkrustete Schuhe, die Hose verdreckt, und erst die Jacke... Ich weiß wirklich nicht, wie sie das fertig brachte. Andere Menschen sahen nie so aus. Ob es daran lag, dass Frauchen ungeachtet des Schmuddelwetters mit mir gutgelaunt auf die Feldwege marschierte, und wir wie sonst auch spielten und tobten? Mag sein.

"Schließlich kann ich mit ihr nicht zweimal täglich angeleint denselben Betonweg hin und zurück laufen", meinte Frauchen, "das macht uns beiden keinen Spaß, und der Hund ist nicht ausgelastet."
Also stromerten wir auch bei schlechtem Wetter über die Felder, spielten Fangen oder mit meinem Ball, den Frauchen immer dabei hatte. Inzwischen warf sie schon richtig gut, und weil ich ihre Wurfübungen unterstützen wollte, lief ich sofort los und trug den Ball zu ihr zurück. Frauchen freute sich dann und gab mir einen Keks zur Belohnung. Manchmal suchten wir nach liegengebliebenen Zuckerrüben, die sehr lecker schmeckten, besonders wenn sie einmal gefroren waren. Frauchen selbst mochte keine Zuckerrüben, aber mir gönnte sie einen kleinen Imbiss zwischendurch, auch wenn sich die Folgen zu Hause bisweilen als recht fatal erwiesen.
"Puh, was stinkt denn hier so?", wunderte sich dann Herrchen später, wenn ich vor seinem Fernsehsessel lag. Dann wedelte er mit den Händen, gerade so, als ob er einen unsichtbaren Gegner verscheuchen wollte.
"Jetzt rieche ich es auch", klagte Frauchen und verzog das Gesicht.
Ich bemerkte noch nichts Auffälliges, wunderte mich aber über das komische Verhalten meiner Menschen. Dann ertönte dieses Geräusch. Pffft. Ich wusste nicht, wo es herkam, aber ich sah sehr vorwurfsvoll zu Herrchen.
"Das habe ich gehört", sagte er, "he, guck nicht mich an!"
"Ich habe es auch gehört", bestätigte Frauchen. "Igitt, das hält ja keiner aus."
Frauchen suchte sich einen Platz weiter von Herrchen und mir entfernt, und nun roch ich es auch. Dort wo ich lag, stank es entsetzlich und ich war gezwungen, meinen Platz zu wechseln, nicht ohne Herrchen mit einem weiteren missbilligenden Blick zu bedenken.
"Ich kann doch nichts dafür, wenn du Blähungen hast", motzte er mich an und öffnete anschließend das Fenster.

Der Herbst brachte es mit sich, dass ich nun viel häufiger geduscht wurde. Natürlich blieb es nicht aus, dass sich beim Spazierengehen Dreck an den Pfoten und im Fell sammelte. Weil meine Menschen nicht wollten, dass ich den Dreck in der Wohnung verteilte, lernte ich, dass ich bisweilen nach dem Gassi in die Badewanne musste.

"Los Kira, gleich ins Bad. Füße waschen."
Als ich noch sehr klein war, haben Herrchen und ich immer gemeinsam geduscht. Wir saßen beide in der großen Wanne und wurden von Frauchen nassgespritzt.
"Damit sie keine Angst hat", hieß es, doch ich denke, dass Herrchen dann genauso schmutzig war wie ich. Heute ist es besser mit ihm, und ich darf endlich alleine duschen.

Draußen war es inzwischen richtig kalt geworden. Mir machte das ja nichts, aber die Menschen packen sich in warme Kleidungsstücke ein. Manche trugen sogar witzige Hüllen aus Wolle auf dem Kopf. Am besten gefiel mir, wenn sie ihre Hände in ganz ähnliche Stofftütchen steckten, wie die, die sie für die Füße benutzen und "Socken" nennen. Die Tütchen für die Hände heißen "Handschuhe" und waren für meinen Geschmack eine feine Beute. Einmal ist es mir gelungen, Aikas Frauchen einen Handschuh zu klauen, als sie nicht aufpasste. Menschen müssen sich ja immer zusammenstellen und so schrecklich viel reden. Zu diesem Zwecke hatte wohl Aikas Frauchen einen ihrer Handschuhe ausgezogen, der nun ganz locker in ihrer Hand baumelte. Ich glaube, Aika dachte in diesem Moment das Gleiche, nur ich war schneller. Ein kurzer Sprung, schnapp das Ding, und nichts wie weg. Hinterher bekam ich nur ein ganz klein wenig geschimpft, denn ich glaube, auch den Menschen hat es Spaß gemacht, mit mir Fangen zu spielen und mir die Beute wieder abzujagen. Frauchen hat übrigens gewonnen. Weil ich Handschuhe so gerne mochte, ernannte Frauchen mich übrigens zu ihrem persönlichen Handschuhträger. Immer dann, wenn sich ein Spaziergang dem Ende entgegen neigte, durfte ich einen ihrer Handschuhen nach Hause tragen. Weil ich mich freute, eine so wichtige Aufgabe zu haben, erledigte ich meine Arbeit sehr gewissenhaft.

Anfangs war ich mir nicht sicher, aber im Verlauf des Herbstes bemerkte ich, dass es abends, wenn wir Gassi gehen wollten, immer früher dämmerte. Irgendwann war es zur gewohnten Spaziergehzeit stockfinster. Im Dunkeln durch die Gegend zu stromern machte keinen Spaß. Dann durfte ich nämlich nicht von der Leine. Frauchen ist nämlich so nachtblind, dass sie Angst hatte, mich unterwegs zu verlieren und alleine nicht nach Hause zu finden. So kam es, dass wir unseren großen Spaziergang auf die frühen Nachmittagsstunden verlegten. Andere Hunde trafen wir kaum noch. So einfach wie im Sommer war es längst nicht mehr, als sich abends alle auf der Hundewiese versammelt hatten. Zu kalt, zu dunkel, sagten die Menschen. Trotzdem schaute ich fast jeden Tag einmal nach, wie es denn nun auf unserer Spielwiese aussah. Frauchen trottete geduldig hinter mir her.

"Kira, da ist niemand", sagte sie dann, und ich war jedes Mal aufs Neue enttäuscht.

19 Schneegestöber

Auf eines war ich gespannt: Ich hatte gehört, wie sich meine Menschen über etwas unterhalten haben, dass sie "Schnee" nannten. Wenn es kalt genug war, sollte es einfach so vom Himmel fallen.

Eines schönen Tages waren Frauchen und ich zu Papa und Mama gelaufen, um dort einen gemütlichen Nachmittag zu verbringen.

"Ich habe ein Problem mit dem Computer", sagte Papa, "die Kiste läuft nicht mehr richtig."

"Lass mich mal sehen."

Frauchen setzte sich an Papas Schreibtisch.

Ich verstehe ja nicht, warum alle Menschen diese Computer haben, zumindest alle Menschen, die ich kenne. Sogar Papa. Das bedeutet, dass auch er viel Zeit vor dem Kasten mit den bunten Bildern verbringt, sogar dann, wenn ich zu Besuch bin. Mir bleibt nichts anderes übrig, als mich unter seine Füße zu legen und zu hoffen, dass er mich ab und zu krault. Oder ich versuche, Mama zu einem kleinen Räuberspielchen aufzufordern. Aber das klappt auch nicht immer.

Ich habe festgestellt, dass Papa sich vor diesem Computer fast genauso schön aufregen kann wie mein Herrchen. Ich denke, dass passiert immer dann, wenn die "Kiste", wie sie es nennen, nicht das tut, was man ihr sagt. Das verhält sich ganz ähnlich, wie mit mir. Wenn ich nicht tue, was man mir sagt, werden die Menschen sauer. Wenn der Computer nicht funktioniert, werden sie auch sauer. Wenn ich nicht auf das höre, was man mir sagt, dann bekomme ich geschimpft, wenn der Computer nicht hören will, dann rufen sie nach Frauchen. Frauchen versteht etwas davon, sagen zumindest Herrchen und Papa. Sie selbst behauptet, sie habe die meiste Geduld. Ich kann das übrigens bestätigen. Wenn Frauchen und ich unterschiedlicher Meinung sind, zum Beispiel darüber, ob man in einem Mauseloch graben darf oder nicht, bleibt sie sehr lange ganz ruhig. Sie versucht mich dann mit einem Keks zum Weiterlaufen zu überreden, während Herrchen viel schneller schimpft. Ich persönlich finde die Methode mit dem Keks angenehmer. Frauchen war also gerade dabei, Papas Computer bessere Manieren beizubringen. Sie tippte auf der Tastatur herum, überlegte, tippte wieder, überlegte und guckte dabei gedankenverloren aus dem Fenster.

"He, es schneit!" Frauchen war ganz aus dem Häuschen.

"Aber es bleibt nicht liegen", meinte Papa.

"Jetzt warte doch erst mal ab", freute sich Frauchen. "Kira wird staunen!" Frauchen konnte sich gar nicht mehr richtig auf den Computer konzentrieren.

"Ich glaube, der Hund muss raus", sagte sie, "ihr erster Schnee!"

"Ich bin müde", gähnte ich.

"Kira, draußen schneit es!" Frauchen war richtig aufgeregt.

"Das ist schön. Aber lass mich noch ein bisschen dösen."

"Kira, willst du Gassi gehen?"

"Nööö", gähnte ich noch einmal, *"später vielleicht..."*

Doch Frauchen gab keine Ruhe.

"Na gut", meinte ich resignierend, *"dann gehen wir eben."*

Ich steuerte sofort den grasbewachsenen Hügel an, in der Hoffnung auf ein kleines Ballspiel.

"Jetzt mach mal langsam", schimpfte Frauchen, "siehst du nicht, dass es schneit?"

Ich verstand nicht, was sie meinte.

"Wenn wir unbedingt Gassi müssen, dann will ich auf den Hügel! Sofort!"

Ich zog an der Leine und Frauchen eilte notgedrungen hinter mir her. Papa folgte uns etwas langsamer.

"Kira, nicht so schnell, es ist doch rutschig!"

Ich fand es überhaupt nicht rutschig. Gut, der Boden war nass, ganz so, als ob es geregnet hätte. Schuld daran waren wohl diese kleinen flockigen Gebilde, die vom Himmel fielen, wie Regentropfen, nur langsamer. Ich nahm diese weißen Flocken nur so nebenbei zur Kenntnis. Sie störten mich nicht, aber Regen störte ja auch nicht. Viel interessanter fand ich, dass die Straße heute ganz fremdartig roch. So hielt ich die Nase eng am Boden und arbeitete mich schnüffelnd in Richtung Hügel vor. Ich kann sehr schnell schnüffeln, und Frauchen an der Leine hinter mir fluchte heftig.

"Die merkt gar nicht, dass es schneit", rief sie Papa zu.

"Das kommt schon noch", meinte der, und er sollte Recht behalten.

Wir erreichten den grasbewachsene Hügel. Genauer gesagt erreichten wir die Stelle, an der er eigentlich hätte sein müssen. Ich stutzte, staunte. Den Hügel gab es noch, aber wo zum gehörnten Hund war das Gras? Ich liebe Gras. Es schmeckt lecker, bietet eine schöne Liegeunterlage, und man kann es ausbuddeln und mit ganzen Büscheln spielen. Ich war entsetzt! Das schöne Gras, einfach so verschwunden! Stattdessen lag überall dieses nasse, weiße Pulver herum. Kalt war das Zeug außerdem, jedenfalls kälter als Gras. Ich war verzweifelt. In meiner Not biss ich in die weiße Masse. Sie fühlte sich kalt an und schmeckte wie Wasser.

Ich blickte so vorwurfsvoll wie ich nur konnte zu Frauchens, denn ich hegte den Verdacht, dass sie etwas mit der wundersamen Verwandlung des Hügels zu tun hatte. Es ist fast immer so: Die Menschen denken sich irgendetwas Neues aus, und bringen die bis dahin völlig heile Hundewelt durcheinander. Ich kann ein Lied davon singen, wirklich. Eines Tages war zum Beispiel mein Bett verschwunden...
Aber das ist eine andere Geschichte.

Die Sache mit dem Schnee war mir nicht geheuer. Frauchen, die mich inzwischen von der Leine gelassen hatte, hüpfte ausgelassen über den heute graslosen Hügel.
"Kira, das ist Schnee!", freute sie sich.
"Ja, ja, ich habe es verstanden", – schließlich war ich nicht blöd, – *"aber was ist mit meinem Gras passiert?"*
"Ich kann nichts dafür", meinte Frauchen, "es ist eben Winter!"
Sie nahm sich eine Handvoll von diesem weißen Zeug, diesem Schnee, und bewarf mich damit. Dann lachte sie. Ich verstand nicht, was daran so lustig sein sollte, aber gut, dachte ich mir, wenn es für Frauchen so wichtig ist, dann spiele ich eben mit. Als sie wieder mit Schnee nach mir warf, versuchte ich auszuweichen und danach zu schnappen.
"Siehst du, Kira, es macht Spaß!"

Irgendwann hatte auch Frauchen genug, und ich konnte mich wieder wirklich wichtigen Aufgaben widmen. Zum Beispiel dem Buddeln. Natürlich wollte ich wissen, ob das im Schnee auch funktioniert. Mäßig, muss ich sagen. Vielleicht konnte man ja besser buddeln, wenn mehr Schnee lag, aber an diesem Tag genügte es, ein wenig mit der Pfote über den Boden zu kratzen, und der Schnee war verschwunden. Ich kratzte also etwas Schnee beiseite und stutzte. Ja was war das? Ich schnüffelte und erkannte einen vertrauten Duft. Erde! Erde und Gras! Tatsächlich, es war alles noch da, wo es hingehörte. Da ging es mir gleich viel besser, aber eine Frage beschäftigte mich doch.
"Verschwindet das Zeug auch wieder?" Ich guckte abwechselnd zu Frauchen und Papa.
"Na also", sagte der gerade, "es scheint ihr zu gefallen."
"Ich hoffe, es schneit noch mehr", meinte Frauchen, "Hunde mögen Schnee!"

"Aha", brummte ich, *"gut zu wissen. Geht das Zeug wieder weg?"* Wieder blickte ich fragend zu den beiden Menschen, doch wie so oft begriffen sie nicht, was ich wollte.

"Komm, wir gehen ein Stück", forderte Frauchen, und mir blieb nichts anderes übrig, als hinterherzutrotten, die Nase immer auf dem Boden, in der Hoffnung, unter dem Schnee etwas Interessantes zu erschnüffeln. Alles roch neu und unbekannt und schließlich musste sogar ich zugeben, dass Schnee ganz schön aufregend war. Zumindest bis zu dem Moment, als sich meine Blase meldete. Ich brauchte einen Platz zum Pieseln, und zwar rasch. Es ist schon unter normalen Verhältnissen schwierig, eine geeignete Stelle zu finden. Sehr vieles muss beachtet werden: der Untergrund, der gut saugen soll, die Frage, ob man sein Geschäft in einem fremde Revier tätigen darf, ob man eventuell über eine fremde Duftmarke markieren muss, die Lage der Pieselstelle, die verkehrsgünstig sein sollte, so dass auch andere Artgenossen mitkriegen, dass man hier war. Gewöhnlich kristallisieren sich im Laufe der Zeit ein paar Lieblingsecken heraus. Das ist bequem und man muss sich keine größeren Gedanken machen.

Doch dieser Schnee veränderte die Lage völlig. Es gab keine vertrauten Ecken mehr, alles war frisch, sauber und ohne jeden Anhaltspunkt. Weil es noch nicht lange schneite an diesem Tag, gab es noch nicht einmal frische Duftspuren anderer Hunde. Es gab überhaupt nichts. Ich hatte ein Problem. Ich fand keinen Hinweis darauf, wo sich unter der Schneedecke eine geeignete Pieselstelle befinden könnte.

"Ich kann das so nicht tun", beschloss ich und verhob mir mein inzwischen sehr dringendes Bedürfnis.

"Kira, musst du nicht pieseln?", fragte dann auch schon Frauchen, "wir sind bald wieder zu Hause".

"Ich kriege einen nassen Hintern, wenn ich mich in den Schnee hocke!", meinte ich.

"Los, Kira, pieseln!"

"Und wohin bitte?"

"Na los, mach schon!"

Ich tat so, als suchte ich nach einem geeigneten Platz, obwohl ich in Wirklichkeit wusste, dass es aussichtslos sein würde.

"Kira, es ist saukalt. Beeil dich!"

"He, du wolltest unbedingt Schnee. Ich war auch ohne ganz zufrieden!"

Ich schnüffelte weiter, inzwischen in der verzweifelten Hoffnung, wider Erwarten, doch noch eine schöne Stelle zu finden.

"Die macht mal wieder ein Theater!", meckerte Frauchen, "Kira, hier ist

überall genug Platz. Du darfst pieseln, wo immer du willst!"
"Ganz so einfach ist das nicht", erklärte ich Frauchen, indem ich sie sehr vorwurfsvoll anschaute. *"Ich bin ein Hund, und wir Hunde haben da unsere eigenen Vorstellungen und Prioritäten..."*
Ich hatte den Gedanken doch nicht zu Ende gebracht, da konnte ich nicht anders. Ohne mich noch einmal umgedreht zu haben, hockte ich mich auf der Stelle hin und ließ es laufen. Ich hätte keine Sekunde länger warten können.
"Na also, warum nicht gleich so!", freute sich Frauchen, doch ich war unzufrieden. Da habe ich mich hinreißen lassen, einfach so in die Land-schaft zu pieseln. Plan- und ziellos. Das ist eines Hundes unwürdig. Ich hoffte, dass keiner meiner Artgenossen dieses Missgeschick bemerken würde. Und alles nur wegen dieses Schnees, den ich nicht haben wollte. An diesem Tag war ich froh, als das Gassi vorbei war.
Frauchen erzählte abends Herrchen von unserem ersten Spaziergang im Schnee.
"Ich glaube, es hat ihr gefallen", mutmaßte sie.
"Ist gar nicht wahr", muffelte ich von meinem Platz aus.
"Hoffentlich liegt morgen früh noch mehr Schnee. Das wird ein Spaß!"
"Na danke", motzte ich, aber da mich sowieso niemand beachtete, hörte ich nicht weiter zu. Ich bekam nur noch mit, dass Herrchen bedauerte, morgen nicht mit mir im Schnee spielen zu können.
"Verräter", dachte ich noch, *"von dir hätte ich mehr Unterstützung erwartet..."*
Dann war ich eingeschlafen.

Am nächsten Morgen erfüllten sich meine schlimmsten Erwartungen: Es schneite noch immer. Frauchen freute sich.
"Jetzt machen wir einen richtig langen Spaziergang", frohlockte sie, nachdem Herrchen aus dem Haus war. "Gestern, das war ja noch gar nichts!"
"Das ist nicht dein Ernst", meinte ich und verzog mich auf meinen Platz.
"Nun guck nicht so leidend", versuchte Frauchen mich aufzumuntern und kraulte mich hinter den Ohren.
Ich strafte sie mit Nichtachtung, bis - , ja bis sich ein dringenden Bedürfnis meldete.
"Na gut", willigte ich schließlich ein, *"gehen wir halt."*
Draußen kämpften wir uns durch dichtes Schneegestöber.
"Wenn ich schnüffle, bekomme ich Schnee in die Nase", beschwerte ich mich.
"Kein Mensch ist unterwegs, geschweige denn ein Hund."

"Jetzt hör' auf zu meckern!"

"*...nur wir, wir müssen unbedingt raus, müssen bei dieser aussichtslosen Expedition unser Leben riskieren...*"

"Nun schau nicht so böse!"

"*...getrieben von Frauchens Ehrgeiz...*"

"He, ist doch nicht schlimm!"

"*...Höchstleistungen von einem unschuldigen Hund zu fordern...*"

"Kira!!!"

"*...der sich bei seinen grundlegensten Bedürfnissen den Hintern abfriert...*"

"Schau mal Maus, da vorne ist Bobby!"

Wo? Ich versuchte trotz Schneetreiben etwas zu erkennen. Tatsächlich, jetzt sah ich es auch. Wir waren nicht die einzigen in dieser unwirtlich kalten Welt. Dem großen Hund sei Dank.

"Bobby ist ganz begeistert vom Schnee", erzählte sein Mensch und Bobby verdrehte die Augen.

"*Kannst du damit etwas anfangen?*", wollte ich wissen.

"*Nö, man findet sich ja gar nicht zurecht.*"

Dem konnte ich nur aus tiefstem Herzen zustimmen. So trotteten wir gemeinsam unseres Weges, während sich die Menschen ausgesprochen einig darüber waren, welchen Spaß Hunde im Schnee doch haben.

"Aika ist auch unterwegs", stellte Frauchen scharfsinnig fest, als unsere schwarze Cockerfreundin schon fröhlich um uns herumhüpfte.

"*Ist das nicht prima?*", freute sie sich. "*Tolles Wetter! Ich liiiiiiiebe Schnee!*"

"*Was haben sie dir denn ins Futter getan?*", wollte Bobby wissen, und auch ich war ganz besorgt.

"*Geht's dir wirklich gut?*"

"*Aber ja! Wau, ist doch herrlich. Kommt, lasst uns Fangen spielen!*"

Schon fetzte sie über die schneebedeckten Felder. Wir konnten nicht anders, wir mussten einfach hinterher. Und was soll ich sagen, - es war lustig, so herumzutoben, Schnee hin oder her.

Eines aber ist mir noch immer nicht klar: Die Sache mit den Schneebällen, die Frauchen immer warf, damit ich sie fangen konnte.

"Ja, wo ist der Ball?", fragte sie, wenn sie einen geworfen hatte.

Ich suchte dann ganz aufgeregt, konnte aber nie etwas finden, das aussah oder roch wie ein Ball.

"Schau mal Kira, ich habe ihn!", rief Frauchen irgendwann und winkte mit unserem Schneeball. Ich habe bis heute nicht begriffen, wie sie einen Ball erst werfen und ihn dann in der Hand halten konnte. Komisch. Ich denke aber, dass irgendein Trick dahintersteckt. Fauler Zauber, eigens dazu erdacht, arme Hunde wie mich zu verwirren.

Ach übrigens, später musste ich mich über meine anfänglichen Bedenken selber wundern. Schnee war wirklich herrlich! Es machte riesigen Spaß, durch hohen Schnee zu hoppeln, oder die Nase ganz tief zu halten und hindurchzupflügen. Ich war ganz aus dem Häuschen, als es weiterschneite und konnte mich vor Freude gar nicht mehr einkriegen. Wenn wir im Schnee spazieren gingen, rannte ich des Weges, ungeachtet dessen, dass Frauchen die Leine noch nicht gelöst hatte.
"Kannst du eigentlich nicht mehr langsam laufen?", beschwerte sie sich. Ohne Leine schließlich konnte ich überhaupt nicht mehr stillhalten.
"Die ist schwieriger zu bändigen als ein Sack Flöhe", jammerte Frauchen, "außerdem hört sie überhaupt nicht mehr."
Natürlich achtete ich im Schnee weniger auf das, was Frauchen zu mir sagte, aber das lag nur daran, dass ich so vergnügt und ausgelassen tobte und alles um mich herum vergaß. Außerdem, – war es nicht Frauchen, die sich so über den Schnee gefreut hatte? Nun lag Schnee, und es war wieder nicht richtig, bloß weil ich mich damit so richtig amüsierte und das eine oder andere Kommando überhörte.
Nach ein paar Tagen schon begann es zu tauen.
"Schade, dass bei uns der Schnee nie lange liegen bleibt", bedauerte Frauchen dann doch. "Weiße Weihnachten gibt es hier fast nie."
Zwar wusste ich nicht, was "Weihnachten" sein sollte, doch auch ich bedauerte, dass vom schönen Schnee bald nicht mehr viel übrig war. Stattdessen war es auf den Wegen wieder überall matschig und dreckig und ich bekam regelmäßig die Pfoten gewaschen.

20 Frauchen spinnt!

Ich weiß nicht, ob es etwas mit dem Schnee zu tun hatte, aber meine Menschen benahmen sich mit einem Mal sehr merkwürdig, allen voran Frauchen. Es begann damit, dass sie eines Tages mit einem runden Gebilde aus Tannenzweigen ankam. Prima, dachte ich, etwas frisches Grün zum Zerkauen, doch Frauchen widerstand meinen Aufforderungen, mir das Ding auf den Boden zu legen.
"Nein, nein, Kira, das ist nichts für dich. Das ist ein Adventskranz."
"Aha", meinte ich und stupste Frauchen mit der Nase an, "es ist immer gut zu wissen, was man da zerkaut."
"Kira komm, wir gehen in den Keller und suchen den Adventsschmuck von letztem Jahr."

Ich suche leidenschaftlich gerne, meinen Ball etwa, oder einen Kauknochen, und so ließ ich es mir nicht nehmen, Frauchen zu begleiten. "Dann wollen wir mal sehen..." Frauchen brabbelte leise vor sich hin, während sie im Keller die Regale durchwühlte.

"Irgendwo müssen doch die Weihnachtssachen sein."

Ich begann mich zu langweilen, denn eigentlich wusste ich gar nicht genau, wonach ich nun suchen sollte. Adventsschmuck, gut und schön, aber was war das? Stattdessen durchsuchte ich den Raum, in den wir immer unsere nasse Wäsche hängen, nach Spinnen. Adventsschmuck ist wahrscheinlich sowieso etwas furchtbar langweiliges, dachte ich mir, warum sollte er sonst im Keller liegen? Spinnen hingegen wohnen dort, und ich glaube, sie freuen sich immer, wenn ich sie besuche. Anderenfalls würden sie ja nicht so dicht vor meiner Nase herumlaufen. Sie fordern mich zum Fangespielen auf, da bin ich sicher. Bedauerlicherweise haben diese Spinnen nicht viel Ausdauer. Sobald ich sie mit der Pfote anstoße, geben sie auf und rühren sich nicht mehr. Eine schwache Leistung, das muss ich schon sagen.

Ich jagte gerade hinter einem besonders prächtigen Exemplar her, als Frauchen, schwer bepackt mit diversen Schachteln im Wäscheraum auftauche.

"Ich habe alles gefunden. Wir können wieder rauf."

"Ja, ja, sofort. Ich habe sie gleich."

Ich trieb die Spinne in einem Eck in die Enge.

"Kira, kommst du bitte!"

Frauchen hatte ihren energischen Jetzt-werde-ich-gleich-böse-Tonfall angeschlagen. Das musste die Spinne erschreckt haben, denn als ich einen Moment nicht aufpasste, war sie verschwunden.

"Du hast sie verjagt", schmollte ich und guckte noch einmal genau nach, ob ich meinen Spielkameraden irgendwo entdecken konnte.

"Kira!!!"

Nun gut, sagte ich mir, hier ist ohnehin nichts mehr los, und so trottete ich beleidigt mit Frauchen zurück in die Wohnung.

Mir fiel wieder der Adventskranz ein und meine Stimmung besserte sich ein wenig.

"Gib mir das Ding und die Sache mit der Spinne ist vergessen!"

"Kira, was brummst du vor dich hin? Schau mal, was ich alles gefunden habe!"

Frauchen leerte die Schachteln auf den Tisch. Zum Vorschein kamen ganz merkwürdige Dinge: Kerzen, Schleifen und Bänder, kleine Sterne und Tannenzapfen auf Drahtfüßchen und allerlei Schnickschnack.

"Hübsch", fand ich, *"und was machen wir mit dem ganzen Krempel?"*
"Damit schmücke ich jetzt den Adventskranz", erklärte Frauchen und begann nun, diesen sogenannten Adventsschmuck auf den Tannenzweigkranz zu stecken. Schließlich begutachtete sie ihr Werk. "Hmmm. Nein, so geht's nicht", murmelte sie und entfernte den ganzen Schmuck. Ich fand das gut, denn ohne hat mir der Kranz auch besser gefallen. Doch Frauchen ließ nicht locker, sie versuchte auf ein Neues, den Adventsschmuck auf dem Kranz zu drapieren. Diesmal schien ihr das Ergebnis besser zu gefallen, denn als sie fertig war, legte sie den dekorierten Adventskranz gut sichtbar auf das Schränkchen im Wohnzimmer. Frauchen war zufrieden, und ich, ich fragte mich wieder einmal, was dieses merkwürdige Benehmen zu bedeuten hatte.

Doch die Geschichte mit dem Adventskranz war erst der Anfang. Ein paar Tage später stand ein ähnliches Gebilde aus Zweigen mit Kerze auf dem Wohnzimmertisch. Das störte mich nicht. Viel schlimmer fand ich, dass Frauchen nun häufiger ohne mich unterwegs war. Wenn sie dann zurück kam, hatte sie meistens viel Beute gemacht, die sie zunächst auf dem Boden ausbreitete. Ich finde es ja gut, wenn meine Menschen mit Beute nach Hause kommen, nur was Frauchen sich in diesen Tagen leistete, war schon allerhand.
"Diese Vase ist für Mama", erklärte sie uns eines Abends, "die wünscht sie sich schon lange. Und hier, das Buch und die Legos für Sarah, der Teller mit den Engeln darauf für Jasmin..."
Ich zweifelte ernsthaft an Frauchens Verstand. Was wollte sie mit den ganzen Sachen? Kauknochen oder Hundekekse hätte ich ja verstanden, aber das? Wozu brauchte sie dieses nutzlosen Zeug?
Es kam noch schlimmer: Nachdem Herrchen die Beute begutachtet hatte, wickelte Frauchen alles sorgfältig in buntes Papier ein und band große Schleifen drum herum. Mich wunderte, dass Herrchen nichts dazu sagte, aber wahrscheinlich war ihm gar nicht in ganzer Tragweite bewusst, was Frauchen da so anstellte. Schließlich war er tagsüber nicht zu Hause, und so wusste er nichts von Frauchens Beutezügen.
"Schau Kira, was ich mitgebracht habe", erzählte sie mir einmal, "ein Computerspiel für Herrchen." Auch das wickelte sie sorgfältig in Papier ein und stopfte es ganz unten in den Schrank. Abends petzte ich bei Herrchen.
"Will die Maus spielen?", fragte er, als ich ihn ganz energisch anstupste.
"Weißt du eigentlich, was Frauchen tut?", wollte ich wissen und stupste wieder.

"Dann hol doch deinen Ball!", forderte Herrchen mich auf.
"Frauchen versteckt Beute in der Wohnung. Komm, ich zeig dir wo." Ich zog
Herrchen am Hausschuh.
"Ach du willst "Räuber, Räuber" spielen", meinte Herrchen, nachdem
ich seinen Schlappen im Fang hatte. Da resignierte ich. Sollte Frauchen
doch machen, was sie wollte. Herrchen kapierte einfach gar nichts. So
sind die Menschen eben. Wir spielten ziemlich lange "Räuber, Räuber."

Am nächsten Abend erlebte ich eine böse Überraschung: Herrchen
steckte mit Frauchen unter einer Decke! Ich konnte es nicht glauben! Da
zog er doch tatsächlich ein kleines Päckchen aus der Tasche, als er
abends nach Hause kam und überreichte es Frauchen.
"Ich habe Papas Geschenk besorgt. Der wird sich über neuen
Arbeitsspeicher für seinen Computer freuen."
Frauchen wickelte auch dieses Päckchen in Papier ein, und zu allem
Überfluss packten die beiden das Ganze in eine riesengroße Schachtel,
die sie sorgfältig mit zusammengeknüllten Zeitungen füllten.
Schließlich wickelte Frauchen noch einmal Papier um das große Paket
und verzierte es mit einer Schleife.
"Der wird sich wundern, wenn er es auspackt", grinste Herrchen.
"Er wird sein Geschenk in der großen Schachtel erst gar nicht finden!"
Ich verstand die Welt nicht mehr. Was hatte das alles zu bedeuten?
Als Herrchen dann eines Abends ebenfalls Beute anschleppte, von der
nun wieder Frauchen nichts wusste, und die er ebenfalls versteckte, war
mir klar, dass meine Menschen nun endgültig übergeschnappt waren.

Ich behielt Recht, wie sich in den nächsten Tagen herausstellte.
Morgens verzog sich Frauchen gleich nach unserem Spaziergang in die
Küche. Gut, das tut sie öfter, doch normalerweise spült sie Geschirr oder
räumt Sachen, die ihrer Meinung nach im Weg stehen, an einen anderen
Platz, so dass hinterher alles ganz leer und ordentlich aussieht. Nicht
so an diesem Tag. Da räumte sie erst einmal ganz viele Päckchen und
Tüten aus dem Schrank, in dem die Menschen ihr Futter aufbewahren.
Anschließend holte sie alle Näpfe und Schüsseln die sie finden konnte
hervor und stellte sie zu den Päckchen und Tüten. Ich stand in der
Küchentür, und wollte wissen, was hier vor sich ging, doch Frauchen
bemerkte mich gar nicht. Sie war damit beschäftigt, den Inhalt der Tüten
und Päckchen in die bereitstehenden Näpfe zu schütten, um dann mit
bloßen Händen darin herumzukneten. Das wollte ich dann doch genauer wissen, stellte mich neben Frauchen und stupste sie ans Bein.
"Nein Kira, ich möchte jetzt nicht spielen", meinte Frauchen geistesab-

wesend und fuhr fort, in den Schüsseln herumgraben.

Ich stupste erneut, doch weil das nichts brachte, legte ich mich auf Frauchens Füße.

"Kira, was willst du eigentlich in der Küche?", wollte sie nun wissen, "ich habe doch sowieso keinen Platz."

"Dann hättest du nicht das ganze Zeug herausräumen sollen", erklärte ich und rührte mich keinen Zentimeter.

"Kira, los raus hier, ich habe die Hände voller Teig!" Frauchen wurde grantig, doch ich hatte nicht vor, mich zu bewegen. Nicht bevor ich wusste, was vor sich ging.

"Also gut", resignierte sie und spülte sich die Hände ab, "willst du einen Kauknochen?"

"Vielleicht später." Ich blinzelte gelangweilt.

"Kira, ich backe Plätzchen, da kannst du mir nicht helfen",

"Plätzchen? Das hört sich nicht sehr spannend an."

Frauchen ging zu dem kleinen Raum, in dem meine Hundesachen aufbewahrt werden.

"Schau Kira, du bekommst einen Knochen und lässt mich dafür eine Weile in Ruhe."

"Na gut, ich lasse ja mit mir reden."

Doch aus dem Augenwinkel heraus beobachtete ich weiterhin ganz genau, was Frauchen in der Küche trieb. Sie räumte die großen Metallplatten aus dem Backofen. Darauf setzte sie kleine Klümpchen, die sie aus dem Zeug in den Schüsseln formte. Dann kamen die Platten in den Ofen. Anschließend legte Frauchen die heißen, hart gewordenen Klümpchen auf Teller, die sie in die Kälte auf die Terrasse stellte, um sie kurze Zeit später wieder hineinzuholen. Die Klümpchen wanderten schließlich in große Dosen, die Frauchen, wie sie es in letzter Zeit mit so einigen Dingen tat, irgendwo im Schrank versteckte. Damit war sie fast den ganzen Tag beschäftigt, zumindest solange, bis die Küche völlig durcheinander und schmutzig war und es in der ganzen Wohnung sehr eigenartig roch.

Das bemerkte abends auch Herrchen.

"Es riecht gut hier", stellte er fest, "hast du Kekse gebacken?"

Ich horchte auf. Kekse? Nein, nein, das wüsste ich. Schließlich habe ich den ganzen Tag gut aufgepasst.

21 Die Sache spitzt sich zu

Wer glaubt, die Merkwürdigkeiten hätten ihren Höhepunkt erreicht, der irrt. Ein paar Tage, nachdem Frauchen "Plätzchen gebacken", also in der Küche heilloses Chaos veranstaltet hatte, spitzte sich die Situation dramatisch zu. Sogar Mama und Papa schienen in die undurchsichtigen Machenschaften verwickelt zu sein. Eines Morgens holten die beiden das Frauchen und mich ab, um in diesen großen Laden mit den Hundesachen zu fahren. Ich liebe diese Ausflüge sehr, denn dort gibt es immer viel zu sehen und zu riechen. Auch an diesem Tag deutete anfangs nichts darauf hin, dass unser Ausflug anders verlaufen würde, als gewohnt. Wir schoben unseren Einkaufswagen durch die Regalreihen, und Frauchen packte allerlei Leckereien für mich ein. Dann standen wir eine Weile vor dem Regal mit den Hundespielsachen, und ich dachte schon, ich dürfte mir etwas aussuchen. Doch weit gefehlt, die Menschen ignorierten mich wieder einmal geflissentlich.

"Ich möchte für die Kira irgendetwas zu Weihnachten kaufen", sagte Mama, und griff nach einem Stoffknochen.
Aha, dachte ich, ich bekomme also doch neue Spielsachen.
"Ja, das ist gut, ihren alten hat sie schon ganz schön abgefressen", meinte Frauchen.
"Habe ich nicht! Ich will einen neuen Ball, so einen richtig großen!"
Keiner hörte auf mich.
"Wie wäre es damit?", fragte Mama und hielt ein kegelförmiges Etwas mit einer langen Schnur dran in der Hand.
"Mit dem Ding kann man doch nicht spielen!"
"Au ja", stimmte Frauchen zu, "das wollte ich ihr schon immer kaufen!"
Also wanderten der Stoffknochen und das kegelförmige Ding in den Einkaufswagen.
"Und was ist nun mit einem neuen Ball?", wollte ich noch wissen, doch meine Menschen zogen mich vom Spielsachenregal fort.
"So, jetzt schauen wir mal nach einem neuen Hundebett!"

Was nun geschah, kapierte ich überhaupt nicht. Frauchen, Papa und Mama unterhielten sich mit einem fremden Mann. Dabei zeigten sie immer wieder nach oben, in ein Regal, in dem ganz komische große Stoffgebilde lagen, die aussahen, wie Matten mit einem Rand drum herum.
"Und das da?", fragte Frauchen, "lässt sich das waschen?"

Der fremde Mann erzählte irgendetwas von "Waschmaschine" und "60 Grad" und holte das große Ding vom Regal. Ich überlegte ernsthaft, was Frauchen damit anfangen wollte, und warum es wichtig war, dass man es waschen konnte.
"Gut, das nehmen wir", erklärte Frauchen. Papa und Mama nickten. Der fremde Mann bot mir derweilen ein paar Kekse an, doch ich wollte keine. Ich nehme nichts von Fremden, und schon gar nicht von solchen, die meinem Frauchen so blöde Sachen aufschwatzen. Eine große Matte mit Rand drum herum, ha!

Dann verließen wir den Laden und packten die ganzen Sachen, die wir erbeutet hatten, ins Auto. Während der Heimfahrt freute ich mich auf die neuen Spielsachen, die ich gleich bekommen würde. Gut, es war kein Ball dabei, aber bestimmt ließ sich auch mit dem, was Mama ausgesucht hatte, etwas anfangen.

Dann kam wieder einmal alles ganz anders, als ich dachte.
"Wir fahren gleich los und kaufen einen Weihnachtsbaum", sagte Frauchen, kaum dass wir gut zu Hause waren.
"Ich bleibe solange bei der Kira"
Ich freute mich über Mamas Gesellschaft und hüpfte vergnügt um sie herum. *"Jetzt gibt mir endlich die Spielsachen!"*
"Willst du einen Keks?"
"Nehme ich auch, aber dann packst du bitte die neuen Spielsachen aus!"
"Ich stell ihr schon mal das neue Bett hin", mischte sich Frauchen ein und räumte meine Schlafdecken aus dem Wohnzimmer.
"Frauchen halt! Wo willst du damit hin?"
"Kira, guck mal, was ich habe", rief Mama. Weil ich dachte, ich bekäme endlich meine neuen Sachen, achtete ich nicht weiter auf Frauchen.
"Wir gehen dann mal", rief Frauchen und verließ gemeinsam mit Papa die Wohnung.
Ich blieb vor Mama sitzen und wartete.
"Kira, Schluss! Jetzt gibt's nichts mehr", erklärte sie nach dem fünften Keks. "Wir zwei warten, bis Frauchen und Papa wieder da sind."
Mama setzte sich auf die Couch. Ich tapste hinterher, weil ich noch immer nicht glauben konnte, dass sie die neuen Spielsachen vergessen hatte.

Doch Moment, was war das? Jetzt erst sah ich die Bescherung: Dort, wo bislang mein Schlafplatz gewesen war, wo meine Decken und Kissen gelegen hatten, dort stand nun die große Matte mit dem Rand. Ich dachte, ich sehe nicht recht!

"Ja Kira, so ein schönes Bett hat du bekommen", erzählte Mama. "Leg dich doch mal hinein!"

Ich war entsetzt!

"Wo ist mein Platz geblieben?", wollte ich verzweifelt wissen. Dann erinnerte ich mich dunkel, dass Frauchen gerade vorhin meine Decken irgendwohin getragen hatte.

"Ja so ein schöner neuer Platz!", schwärmte Mama schon wieder.

"Wo soll ich denn jetzt schlafen?"

Ich war ratlos. Was hatte das zu bedeuten? Was sollte dieses Ding mit dem Rand an genau der Stelle, an der eigentlich meine Decken liegen sollten? Wo war mein Platz geblieben? Fragen über Fragen. Vor lauter Nachdenken war ich so erschöpft, dass ich mich vor die Terrassentür legte, um ein wenig auszuruhen. Wenigstens war die Matte, die dort immer liegt, noch da, wo sie hingehörte.

Ich erwachte, als Frauchen und Papa nach Hause kamen. Natürlich lief ich gleich zur Tür, um die beiden zu begrüßen, aber auch, um mich über das Fehlen meines Platzes zu beschweren. Ich kam nicht dazu. Papa schleppte einen großen Tannenbaum in die Wohnung, geradewegs durch den Flur und legte ihn im Bad in die Wanne.

"Da kann er jetzt abtropfen. Ich stelle ihn später auf", meinte Frauchen und machte einen sehr zufriedenen Eindruck.

"Hallo kleine Maus", begrüßte sie mich gutgelaunt, "wie gefällt dir dein neues Bett?"

"Wo sind meine Decken geblieben?", wollte ich wissen, doch Frauchen war wegen des Baumes in der Badewanne ganz aufgeregt und verstand mich nicht.

Mir jedenfalls reichte es für heute! Von Frauchen und der Welt enttäuscht verzog ich mich ins Arbeitszimmer, um in aller Stille ein wenig meinen Kummer zu pflegen. Was glaubt ihr, was ich dort fand? Genau, dort auf der Couch lagen meine alten Schlafdecken, ganz achtlos hingeworfen. Natürlich zog ich sie sofort zu mir auf den Boden und legte mich drauf. Wenn meine Decken im Arbeitszimmer bleiben müssen, beschloss ich, dann bleibe auch ich hier. An diesem Tag verabschiedete ich mich nicht einmal von Mama und Papa.

Nach einer Weile locken mich merkwürdige Geräusche hervor. Ich fand Frauchen im Bad, wie sie gerade dabei war, irgendetwas mit diesem Tannenbaum, der noch immer in der Wanne lag, anzustellen.

"Ich versuche, den Stamm etwas zurecht zu sägen", erklärte sie mir und schabte abwechselnd mit großen Messern und diesem Metallding mit den vielen Zacken unten dran am Fuß des Baumes herum.

"Die Säge ist völlig stumpf!", schimpfte sie, "außerdem ist dieser Stamm verdammt hart!"

"Soll ich mal versuchen?", fragte ich und biss in einen Ast, der aus der Wanne herausragte.

"Kira, verschwinde aus dem Bad! Das ist gerade viel zu gefährlich hier!"

Den Eindruck hatte ich allerdings auch. Frauchen war mieser Laune und hantierte mit spitzen Werkzeugen herum. Sicherheitshalber verzog ich mich wieder auf meine Schlafdecken ins Arbeitszimmer. Ich hörte, wie Frauchen im Bad abwechselnd mit dem Baum und mit sich selbst schimpfte. Das dauerte sehr lange. Sie kam nur einmal kurz heraus, brabbelte irgendetwas von "Pflaster holen", und widmete sich dann wieder dem Zurechtsägen des Baumes. Als ich irgendwann nach Frauchen schaute, hatte sie den Baum ins Wohnzimmer gelegt.

Prima, dachte ich, da komme auch ich viel besser dran. Probeweise knabberte ich an einem Ast. Nicht schlecht. Es wird eine ganze Weile dauern, bis ich das Ding zu Kleinholz verarbeitet habe.

"Kira, leg dich irgendwo hin und störe mich nicht", motzte Frauchen in einem Tonfall, der nichts Gutes erahnen ließ. Ich hielt es für klüger, mich in sicherer Entfernung niederzulassen, um zu beobachten, was Frauchen mit dem Baum anstellte. Sie hatte sich eine Schüssel geholt, die innen mit einem Metallgestell ausgestattet war.

"Mal sehen, ob der Stamm jetzt in den Christbaumständer passt", murmelte sie und versuchte, die Schüssel unten an den Baum zu stecken.

Er passte wohl nicht, denn anschließend bearbeitete sie den Stamm erneut mit Säge und Messer, solange, bis sich die Schüssel problemlos daran befestigen ließ.

"Na also", meinte Frauchen zufrieden und stellte den Baum mitsamt der Schüssel auf. "Nicht schlecht, oder?"

Ich brummte zustimmend, obwohl mir nicht klar war, warum bei uns im Wohnzimmer ein Baum stehen sollte. Dem Baum war es wohl auch nicht klar, denn schon nach kurzer Zeit hatte er keine Lust mehr, in dieser Schüssel zu stehen. Ich bin vielleicht erschrocken, als er ohne Vorwarnung umkippte! Und Frauchen? Die war jetzt richtig wütend.

"Der blöde Christbaumständer ist kaputt! Aber nicht mit mir. Irgendwie muss das funktionieren!" Ja, ja, das sagt sie immer.

Sie holte Draht und eine Zange und bastelte eine Weile an der Schüssel und dem Baum herum. Und was soll ich sagen? Später stand der Tannenbaum mitten im Wohnzimmer und dachte gar nicht mehr daran, noch einmal umzufallen! Wahrscheinlich hatte er Angst, dass Frauchen noch mehr mit ihm schimpfen würde.

Frauchens Stimmung war wieder bestens, und ich fand die Idee mit dem Baum in der Wohnung mittlerweile gar nicht mehr so schlecht. Zumindest bis zu dem Zeitpunkt, als Frauchen anfing, ganz viele Bälle und Schleifen an die Äste zu hängen. Natürlich durfte ich auch hierbei nicht helfen. Ich fand das richtig gemein. Also betrachtete ich Frauchens Bemühungen aus angemessenem Abstand. Interessant wurde es erst wieder, als sie eine lange Schnur mit vielen kleinen Lichtern dran um den Baum wickelte. Da Frauchen schon den ganzen Nachmittag mit dem Baum geschimpft hatte, nahm ich ihr Gezeter nun gar nicht mehr ernst. Sie befestigte ein Ende der Schnur an einem Ast und drapierte den Rest um den Baum. Dann betrachtete sie ihr Machwerk, rollte die Lichterschnur wieder auf und versuchte es von vorne. Mich ermüdete das Ganze irgendwann so sehr, dass ich auf meinen Platz wollte, um ein Nickerchen zu halten.

Doch Moment, da fiel es mir wieder ein, mein Problem. Ich hatte gar keinen Platz mehr! Dort stand ja nun diese Matte mit dem Rand drum herum. Also verzog ich mich ins Arbeitszimmer auf meine alten Schlafdecken und schmollte. Außerdem hoffte ich, dass Herrchen bald nach Hause kommen würde, um dem Spuk hier ein Ende zu setzen.

Ich hätte es wissen müssen. Herrchen sah natürlich sofort die Bescherung mit dem Baum im Wohnzimmer. Doch was machte er? Gar nichts!

"Du hast ihn schon heute aufgestellt?", fragte er unnötigerweise, "aber Heiligabend ist doch erst morgen!"

"Ich konnte ihn ja schlecht in der Badewanne liegen lassen", antwortete Frauchen, und da musste ich ihr zur Abwechslung einmal Recht geben. "Wenn ich ihn nach draußen gelegt hätte, wäre er bis morgen gefroren." Herrchen muss das wohl eingesehen haben, zumindest störte ihn der Tannenbaum mit den Bällen und Schleifen dran kein bisschen.

"Aber die Lichter machen wir erst morgen an!", bestimmte er dann noch energisch und damit war das Thema Baum im Wohnzimmer abgehakt.

Mein Problem aber war ein anderes.

"Herrchen, sieh mal, was Frauchen mit meinem Bett gemacht hat!"

Ich lief ganz aufgeregt ins Arbeitszimmer zu meinen alten Schlafdecken.

"Ja toll, Kira, du hast dein altes Bett gefunden!", lobte er mich, "aber schau, was du Feines bekommen hast!".

Herrchen ging zurück ins Wohnzimmer und hockte sich vor die Matte mit dem Rand drum herum, die noch immer an der Stelle lag, wo einst mein Platz gewesen war.

"So ein schönes neues Bett hast du bekommen!", schwärmte Herrchen.

"Bisher war sie noch nicht drin", erklärte Frauchen, "ich weiß gar nicht, woran es liegt."

"Jetzt räumt endlich dieses Ding hier weg und legt meine Schlafdecken auf den Platz!", forderte ich nachdrücklich und knurrte die Matte mit dem Rand drum herum an.

"Ja so was!", rief Herrchen und fingerte an dieser Matte herum, "jetzt guck mal, was ich hier gefunden habe! Einen Keks!"

"Lass sehen!"

Ich stellte mich neben Herrchen und riskierte einen Blick auf die Matte. Tatsächlich, dort lag ein Keks. Höchst merkwürdig.

"Kira, hol dir den Keks", forderte Herrchen, doch ich traute dieser Matte nicht über den Weg.

"Hol du ihn für mich", kläffte ich, doch Herrchen meinte nur "Pssst, Kira, nicht bellen! Wenn du den Keks nicht willst..."

Das war eine schwierige Situation für mich. Einerseits war da diese unbekannte Matte, andererseits konnte ich diesen hilflosen Keks dort nicht einfach liegen lassen. Also nahm ich all meinen Mut zusammen und stieg behutsam mit den Vorderpfoten über den Rand. Es passierte gar nichts! Ich schnappte mir den Keks so schnell ich nur konnte und brachte uns beide in Sicherheit.

"Die macht ein Theater!", motzte Herrchen.

"Dabei ist das ein so schöner Hundekorb", jammerte Frauchen, "und teuer war er auch."

"Man kann es der Dame nicht recht machen", beschwerte sich Herrchen. "Ich hoffe, sie kapiert, dass das ihr neuer Platz ist. Hörst du Kira, das da" – , Frauchen klopfte auf die Matte, – "das ist dein neuer Platz!"

Inzwischen interessierte mich schon, warum meine Menschen um diese Matte mit Rand drum herum ein solches Brimborium veranstalteten. Irgendeine Bedeutung musste das Ding dann ja wohl haben. Ich ging also noch einmal nachschauen. Vielleicht hatte sich ja ein weiterer einsamer Keks dorthin verirrt. Diesmal stieg ich nicht nur mit den Vorderpfoten über den Rand, nein, ich riskierte, mich ganz vorsichtig mit allen vier Pfoten auf die Matte zu stellen. Angenehm weich. Bestimmt liegt man hier auch ganz gut.

"Kira, prima, brav!", jubelte Frauchen.

"So ein schönes Bett!", lobte Herrchen, "leg dich doch einmal hin. Kira. Platz!"

"Wie?", wunderte ich mich, *"ihr wollt, dass ich auf dieser Matte bleibe?"* Probeweise legte ich mich hin, und tatsächlich, alle beide waren vor Freude ganz aus dem Häuschen .

"Warum habt ihr das nicht gleich gesagt?" Ich schaute besonders das Frauchen sehr, sehr vorwurfsvoll an.

Nun waren meine Sorgen um den Platz verflogen, dafür war ich sauer. Woher hätte ich armer Hund denn wissen sollen, dass es sich um mein neues Bett handelte, wenn mir keiner was sagte? Ich beschloss, es den Menschen nicht ganz so einfach zu machen. Ich stieg aus dem neuen Bett heraus, und legte mich in den nächsten Tagen nur dann hinein, wenn niemand mich sah. Mit großer Genugtuung beobachtete ich die langen Gesichter von Herrchen und Frauchen, wenn sie vergeblich versuchten, mich mit allerlei Überredung und vielen Keksen auf den neuen Platz zu locken. Ich genoss dieses Spielchen aus ganzem Herzen!

22 Tannenbaum und Päckchentausch

Es war, glaube ich, ein Tag nach dem Zwischenfall mit dem Baum und dem neuen Hundebett. Herrchen war nicht unterwegs um Beute zu machen, sondern ging morgens mit mir Gassi. Frauchen blieb zu Hause und spielte das Aufräum- und Saubermachspiel, anschließend verzog sie sich in die Küche. Aus dem Geruch schloss ich, dass sie Futter für sich und das Herrchen zubereitete. Alles deutete darauf hin, dass wir einen wundervoll normalen Wochenendtag haben würden. Natürlich kam es anders. Nachmittags klingelte es. Weil ich keinen Besuch erwartete, bellte ich sicherheitshalber. Das mache ich übrigens immer, wenn fremde Menschen zu uns kommen, nur so für alle Fälle. Erst knurre ich bedrohlich, dann belle ich ein paar Mal, nicht zu oft, denn sonst bekommt man ja gar nichts von dem mit, was die Menschen so reden. Herrchen und Frauchen finden es übrigens gut, wenn ich Besuch auf diese Weise begrüße.

"Genau so ist es richtig", meinte Herrchen einmal, "Nur kurz anschlagen, keine Dauergekläffe. Das ist schon sehr eindrucksvoll."

Also bellte ich kurz und eindrucksvoll und schaute, wer zu uns wollte. Ein Mann, aha. Den kannte ich! Der gehörte zum Rudel des kleinen Mädchens, mit dem ich so gerne spielte. Das Kind war nicht dabei. Schade. Der Mann trug eine große Tüte in die Wohnung und schwatzte mit Herrchen und

Frauchen. Da hörte ich schon längst nicht mehr zu, denn meistens geht es um völlig belanglose, langweilige Dinge. Zumindest in meinen Augen. Dann aber geschah etwas Interessantes: Ich lernte ein neues, merkwürdiges Verhalten der Menschen kennen. Der Mann packte verschiedene Päckchen aus der Tüte und legte sie auf den Tisch im Wohnzimmer.

"Das da ist für den Hund", meinte er und ich horchte auf.

"Los zeig her. Ich bin hier der Hund!"

Wahrscheinlich hätte er mir das Päckchen auch brav gegeben, aber Frauchen meinte, dass ich es erst später am Abend bekommen würde. Das verstand ich nun überhaupt nicht! Was sollte diese ganze Geheimnistuerei? Da bringt mir jemand ein Geschenk, und ich darf es nicht einmal sehen! Gemein, oder? Außerdem ging mir dieses ganze Getue mit den vielen Päckchen schon gewaltig auf die Nerven. Nicht genug, dass meine Menschen schon seit geraumer Zeit welche in der Wohnung versteckten, nein, jetzt bringen auch noch andere Leute diese mit Schleifchen verzierten Gebilde zu uns. Wo sollten wir denn mit dem ganzen Zeug hin? Frauchen sah das wohl genauso, denn nun holte sie einige ihrer eigenen, versteckten Päckchen hervor, packte sie in eine Tasche und reichte diese an den Mann weiter.

"Sag einen Gruß", meinte sie, "und schöne Weihnachten."

Sollte einer aus den Menschen schlau werden! Dieses Päckchenspiel verstand ich nicht. Da packten sie nutzlose Gegenstände in merkwürdiges Papier, wickelten lange Schnüre mit Schleifen drum herum stopften das Ganze in einen Schrank und tauschten es irgendwann gegen andere Päckchen. Plötzlich hatte ich eine Erleuchtung. Natürlich! Es handelte sich um einen Brauch, den Menschen untereinander praktizieren! Genauso musste es sein! Anders konnte ich mir die gerade erlebten Geschehnisse nicht erklären.

Bei uns Hunden gibt es ja auch festgelegte Verhaltensweisen. Wenn ich auf bestimmte Weise mit dem Schwanz wedele zum Beispiel, weiß jeder, dass ich mit freundlichen Absichten komme. Wahrscheinlich bedeutet das Päckchenritual bei den Menschen etwas ganz Ähnliches! Nur eines verstand ich nicht: Warum hatte ich das Päckchen, dass für mich sein sollte, nicht bekommen? Aber halt! Ganz klar! Ich selbst hatte kein anderes Päckchen zum Tausch angeboten! Wie hätte ich das auch tun sollen? Erstens wusste ich bis eben nichts von diesem Brauch und zweitens, was hätte ich denn tauschen sollen? Ich begutachtete meine Spielsachen und überlegte: Ach ja, dieser Kauknochen, der war besonders lecker und schon ganz weich. Vielleicht, ja vielleicht würde irgendwann wieder einmal jemand das Päckchenritual mit mir vollziehen wollen. Dann könnte ich meinen Kauknochen tauschen!

Abends ging wieder Herrchen mit mir Gassi und als wir zurückkamen, brannten am Tannenbaum im Wohnzimmer die ganzen kleiner Lichter, die Frauchen tags zuvor so mühevoll darauf drapiert hatte.

"Ist sehr schön", fand Herrchen, "aber echte Kerzen wären noch schöner."

"Ist viel zu gefährlich mit dem Hund", meinte Frauchen und Herrchen muss das wohl eingesehen haben. An den Baum hatte ich mich ja fast schon gewöhnt, und dass er nun leuchtete, störte mich nicht. Unter dem Baum aber, na erratet ihr, was dort lag? Richtig, schon wieder Päckchen, eine ganze Menge sogar. Prima, freute ich mich und legte schon einmal meinen Kauknochen zum Tauschen bereit.

"Von mir aus können wir anfangen!" Ich wedelte aufgeregt mit dem Schwanz.

"Die Kira merkt, dass was los ist", stellte Frauchen fest.

"Kira, es ist Weihnachten! Nachher gibt's Geschenke! Aber erst bekommst du dein Futter."

Das hatte ich vor Aufregung fast vergessen, und ich fraß hastig, um ja nichts zu verpassen. Nach dem Fressen lagen die Päckchen zum Glück noch immer unberührt unter dem Baum. Es klingelte. Dreimal hintereinander. Ich hüpfte zur Tür, denn das konnte nur bedeuten, dass ich Besuch bekam. Tatsächlich, Mama und Papa schauten vorbei, – vollbepackt mit Päckchen in verschiedener Größe.

"Au ja, au ja, au ja!!!", freute ich mich und sprang um die beiden herum.

"Ihr spielt auch mit! Wir haben ganz viel zum Tauschen!"

Ich lief rasch zum Baum, damit Papa und Mama auf unsere Päckchen aufmerksam würden.

"Fein Kira", sagte Mama, "ich habe auch für dich etwas mitgebracht!"

"Prima", jubelte ich, und weil ich in der Aufregung meinen Kauknochen nicht finden konnte, bot ich Frauchens Hausschuh zum Tausch an.

"Ja gibst du mir den?", fragte Mama und zog freudig an Frauchens Schuh.

"Wenn ich dafür ein Päckchen kriege...."

Ich kriegte natürlich keines. Wahrscheinlich wollte Mama den alten Schuh doch nicht haben. Wunderte mich gar nicht, auch mir wäre ein Kauknochen lieber gewesen. Stattdessen legte Mama die Päckchen, die sie mitgebracht hatte, zu den übrigen unter den Baum. Dann setzten sich die Menschen an den Tisch und aßen all das auf, was Frauchen tagsüber in der Küche zusammengebraten hatte. Ich behielt währenddessen die Päckchen und den Baum im Auge.

Wahrscheinlich findet das Päckchenspiel erst nach dem Essen statt, überlegte ich und hoffte, dass auch ich dann endlich mitspielen durfte.

Diesmal sollte ich Recht behalten. Nach dem Essen machten wir es uns um den Wohnzimmertisch herum gemütlich. Die Menschen sortieren die Päckchen in verschiedene Stapel.

"Das hier ist für Papa....", erklärte Frauchen gerade und ich war ganz aufgeregt.

"Das hier ist für Kira!", meinte dann Mama, und mir fiel siedend heiß ein, dass ich schon wieder nichts zum Tauschen bereit hielt. Ich wollte sofort los und meinen Kauknochen holen, doch Mama bestand darauf, dass ich umgehend zu ihr kam. In der Hand hielt sie ein Päckchen. Ich stupste mit der Nase daran. Ärgerlich, dass ich nichts zum Tauschen dabei hatte.

"Ja, Kira, das ist für dich!" Gemeinsam zupfen Mama und ich das Papier fort, und ratet mal, was zum Vorschein kam! Richtig, der neue Stoffknochen, den ich gestern schon gesehen hatte, als wir beim Beutemachen waren! Und jetzt, ja jetzt durfte ich ihn haben! Ich nahm ihn ganz behutsam ins Maul und lief von einem Menschen zum anderen.

"Schau, was ich bekommen habe!", meinte ich und zeigte Herrchen den Stoffknochen.

"Sieh mal, was ich für einen feinen Knochen habe!", erklärte ich Papa.

"Hast du auch so einen tollen Knochen bekommen?", wollte ich von Frauchen wissen. Hatte sie nicht.

"Wie die sich freuen kann", lachte Mama.

Plötzlich fiel mir etwas Entsetzliches ein: Ich hatte Mama nichts zum Tauschen angeboten! Wenn sie es merkte, würde sie mir den Stoffknochen wahrscheinlich wieder wegnehmen. Das wollte ich nicht riskieren, und so verzog ich mich vorsichtshalber ins Arbeitszimmer. Niemand folgte mir. Niemand kam, um mir den Stoffknochen wegzunehmen. Nach einer Weile traute ich mich, zurück ins Wohnzimmer zu schleichen.

"Kira, du bekommst noch mehr", sagte Frauchen.

"Wie? Ich darf den Knochen behalten?"

Es war tatsächlich so. Ich bekam sogar noch mehr von diesen Päckchen. Eines mit neuen Kauknochen drin, eine Schachtel Kekse und schließlich dieses kegelförmige Gummigebilde mit der dicken Schnur, das Mama gestern im Laden mit den Hundesachen erbeutet hatte! Hatte ich völlig vergessen! Das Beste war, dass ich all diese Dinge haben durfte, ohne etwas von meinen alten Spielsachen hergeben zu müssen! Ich war glücklich! Vor lauter Freude zerbiss ich erst einmal die Schnur an diesem kegelförmigen Ding.

"He, sie frisst die Fäden auf", rief Frauchen plötzlich und riss das Ding von mir fort.

Dann spiele ich eben mit dem neuen Stoffknochen, sagte ich mir, denn heute wollte nicht einmal ich mir die gute Laune verderben lassen. Später bekam ich das kegelförmige Ding übrigens wieder, allerdings ohne Schnur.

"Schau mal Kira, dein neuer Ball", sagte Frauchen und ließ das Ding es auf den Boden fallen. Es sprang wie wild in der Gegend herum! Dann rollte es in lustigen Bahnen durchs Wohnzimmer und blieb schließlich vor dem Bücherregal liegen. Interessant! Das musste ich auch gleich versuchen. Also nahm ich diesen komischen Ball und ließ ihn ebenfalls auf den Boden fallen. Tatsächlich, er hüpfte auf und drehte eigenartige Runden. Ich natürlich hinterher um ihn wieder einzufangen. Ein toller Ball! Dummerweise ließ er sich unter keinen unserer Schränke rollen, so sehr ich es auch versuchte. Ich kenne da nämlich einen guten Trick gegen Langeweile: Wenn mich niemand beachtet, stopfe ich heimlich ein Spielzeug unter einen Schrank. Dann lege ich mich davor und belle. Die Menschen kommen dann angelaufen und denken, das Spielzeug wäre aus Versehen dort hinunter gerutscht. Dann müssen sie sich auf den Boden legen und es wieder hervorklauben. Ich finde das hundskomisch. Wirklich!

23 Blubberwasser und Gewitter

Nach dem Tag des Päckchentauschens, meine Menschen nannten es Weihnachten, kehrte wieder Ruhe ein, einstweilen wenigstens. Einmal besuchten wir Papa und Mama, aber ansonsten ereignete sich wenig. Herrchen blieb daheim und hatte Zeit für mich, und wenn ich mich recht erinnere war lediglich Frauchen einmal alleine unterwegs, um Kisten mit neuem Menschenfutter zu erbeuten. Eine angenehme Zeit, die aus Fressen, Schlafen, Spielen und Gassigehen bestand.

"An Silvester bleiben wir aber hier", meinte Herrchen eines Tages, "man weiß ja nie, wie der Hund auf die Knallerei reagiert."

"Stimmt. Vielleicht hat sie Angst. Dann ist es besser, wenn wir bei ihr sind", sagte auch Frauchen.

Angst? Ich? Nie! Wovor denn? Aber ich fand es in Ordnung, dass sie daheim bleiben wollten. Viel gab ich ohnehin nicht auf ihr Gerede, denn wahrscheinlich sprachen sie nur über irgendeine weitere unsinnige Menschensitte. Es muss ein oder zwei Tage später gewesen sein, als ich erfuhr, was Herrchen mit "Knallerei" gemeint hatte. Abends kamen Mama und Papa zu uns. Die Menschen saßen einfach so zusammen und schwatzten. Langweilig! Wenigstens spielte ab und zu jemand mit mir, aber ansonsten passierte nicht viel. Später stellte Herrchen Gläser auf den Tisch vor der Couch und füllte sie mit einer sprudelnden Flüssig-keit aus einer Flasche, die er mit lauten Knall geöffnet hatte. Ich setzte mich vor Mama und gab Pfoti.
"Krieg ich auch etwas von dem Sprudelzeug aus der großen Flasche?", wollte ich wissen.
"Ja Kira, was willst du denn?", fragte Mama
"Eine Portion Sprudelzeug in meinen Trinknapf!", forderte ich.
"Willst du einen Keks?"
Warum verstand mich eigentlich niemand? Obwohl, ein Keks ging fürs Erste auch, und so lief ich schwanzwedelnd hinter Mama her, die aufgestanden war, um für mich ein Leckerli zu holen.
Plötzlich brach Hektik aus.
"Halt den Hund fest", rief Frauchen, "hier ist alles voller Scherben!"
"Kira, komm zu mir", meinte Papa und schnappte mich am Halsband.
"War ja klar, wenn du dein Glas so nahe an den Rand stellst", motzte Herrchen das Frauchen an.
"Ich kann ja nicht ahnen, dass sie so nah am Tisch vorbeiwedelt!", verteidigte sich Frauchen beleidigt.
"Was ist jetzt mit meinem Keks?"
Ich sah Mama an, doch die hatte in der ganzen Aufregung vergessen, was sie eigentlich tun wollte. Außerdem hielt Papa mich noch immer am Halsband fest.
"Der ganze Teppich ist nass!", schimpfte Herrchen. Dann holte er den Staubsauger hervor und machte ordentlich Lärm. Ich verstand gar nichts mehr. Das macht man doch nicht so spät am Abend! An-schließend ließ mich Papa endlich wieder los und ich schnupperte über den nassen Teppich.
"Hmm, riecht merkwürdig, und", – ich schleckte über die feuchte Stelle, – *"schmeckt prima!"*
"Kira, hör auf, den Teppich abzuschlecken!", meckerte Frauchen, doch ich ließ mich nicht stören. Es ist ja nicht mein Fehler gewesen, dass ich beim Schwanzwedeln ein volles Glas vom Tisch gewedelt hatte. Sollen die

Menschen doch aufpassen, wo sie ihr Zeug hinstellen. Seit wann haben Hunde hinten Augen? Aber so schlimm war es wohl doch nicht. Frauchen bekam ein frisches Glas, Herrchen öffnete mit lauten Knall eine neue Flasche mit Sprudelzeug und die Aufregung legte sich. Ich versuchte, die Reste des verschütteten Getränks aus dem Teppich zu nuckeln. Echt lecker! Die Menschen störten sich nicht mehr an meinen Bemühungen, und ich hatte den Eindruck, dass das Sprudelwasser bei ihnen ganz merkwürdige Nebenwirkungen hatte. Je mehr sie davon tranken, desto lustiger wurden sie! Immerhin ließen sie mich in Ruhe am Teppich nagen.

Später gingen ausnahmsweise beide, Herrchen und Frauchen, mit auf die Straße zum spätabendlichen Pieseln.

"Es ist fast elf, und draußen knallen sie schon", erklärte Frauchen, "vielleicht beruhigt es sie, wenn wir zu zweit gehen."

Ich freute mich zwar, dass beide mitgingen, aber beunruhigt war ich nicht. Warum auch? Draußen hörte es sich an, als ob ein Gewitter aufziehen würde. Auch das beunruhigte mich nicht. Ich fürchte mich schließlich nicht vor Gewitter. Dennoch beeilte ich mich mit dem Pieseln, schließlich warteten Papa und Mama auf uns. Mich wunderte ohnehin, dass die beiden noch nicht nach Hause gegangen waren. Schließlich war längst Schlafenszeit, doch keiner der Menschen machte Anstalten ins Bett zu gehen. Komisch. Sie füllten ihre Gläser mit Sprudelzeug auf, starrten auf die Uhr und warteten. Plötzlich sprangen alle vier auf und umarmten sich gegenseitig. Ich wurde auch umarmt. "Ein gutes neues Jahr, Kira", sagte Frauchen, und obwohl ich nicht wusste, was sie damit meinte, fand ich es sehr nett von ihr. Sicher wieder so ein Brauch unter den Menschen. Draußen donnerte es inzwischen gewaltig. Wahrscheinlich war das Gewitter, das sich angekündigt hatte, in vollem Gang. Durch die Terrassentür sah ich auch schon das helles Licht, Blitze, und sie schienen von überall gleichzeitig zu kommen. Ein so schlimmes Gewitter hatte ich noch nie erlebt! Nur gut, dass wir sicher und warm in der Wohnung saßen.

Die Menschen kapierten wieder einmal gar nichts. Was glaubt ihr, was sie taten? Sie liefen völlig arglos in den Garten! Herrchen und Frauchen nahmen sogar ihre Gläser mit nach draußen.

"Kira, schau, das Feuerwerk", forderte Frauchen mich auf.

"Spinnt ihr? Bei dem Sauwetter geht doch kein Hund raus!"

"Na los, sieh es dir doch wenigstens einmal an."

"Kommt doch wieder rein", bettelte ich von der Terrassentür aus.

Tatsächlich, Mama und Papa hatten wohl begriffen, dass man sich bei so einem starken Gewitter besser drinnen verkriecht und kamen hinein. Dass Gewitter gefährlich sein können, weiß jeder Hund in seinem tiefsten Inneren. Herrchen und Frauchen waren ja so naiv! Sie ahnten nicht einmal, in welcher Gefahr sie schwebten! Ich musste handeln. Dringend. Todesmutig lief ich in den Garten, um die beiden zu retten. Es donnerte rundherum, laut und heftig. Überall Blitze. Ich konnte nicht anders, ich machte kehrt und brachte mich unter dem Wohnzimmertisch in Sicherheit, hoffend, dass Herrchen und Frauchen nichts passieren würde. Später kamen die beiden gutgelaunt wieder nach drinnen. Sie hatten noch einmal Glück gehabt und waren mit heiler Haut davongekommen. Mir fiel ein Stein vom Herzen, das könnt ihr mir glauben. Ich kam mir allerdings ziemlich schäbig vor, meine Menschen im Stich gelassen zu haben.

Am nächsten Tag trafen wir Bobby.
"Waren deine Menschen bei dem Gewitter gestern auch draußen?", fragte ich.
"Ja, die sind total verrückt geworden", stimmte er mir zu, *"das lag wahrscheinlich an dem vielen Sprudelzeug, das sie getrunken haben."*
"Waren deine dann auch so fröhlich?", wollte ich wissen.
"Völlig aus dem Häuschen", beklagte sich Bobby, *"aber es muss ein ganz besonderer Abend gewesen sein, zumindest für die Menschen."*
"Und was hast du gemacht?", wollte ich wissen.
"Unterm Bett verkrochen. Und selbst?"
"Unter dem Tisch versteckt, bis das Gewitter vorbei war."
"Sehr vernünftig", fand Bobby.

Ich hatte in den vergangenen Wochen gelernt, dass Menschen ganz verschiedene merkwürdige Bräuche haben. Päckchentauschen und Sprudelzeug trinken, bei Gewitter draußen herumstehen und Tannenbäume in die Wohnung stellen. Den Baum räumten sie übrigens nach ein paar Tagen auf die Terrasse. Zuvor wurden Lichter, Kugeln und Schleifen entfernt, und sorgfältig in Schachteln verpackt. Die wiederum wanderten zurück in den Keller. Ich frage mich immer noch, wozu der ganze Aufwand gut war. Einen Baum in die Wohnung holen und wieder hinausschmeißen. Unnützen Kram daran befestigen und schließlich wieder wegpacken. Nur um an einem Abend Päckchentauschen zu spielen?

Der Tannenbaum lag noch lange auf der Terrasse. Dann entfernte Frauchen eines Tages alle Zweige und legte sie auf einen Haufen. Fast den ganzen Winter über durfte ich mit dem alten Tannenreisig spielen und es ganz nach Bedarf im Garten verteilen. Irgendwann sammelte Herrchen alles wieder zusammen, schnitt die Zweige in noch kleinere Stücke und warf sie fort. Der bloße Baumstamm lehnte noch lange an die Hauswand im Garten und ich durfte ab und zu daran herumnagen. Ich denke nun, dass es eine weitere Sitte ist, ein Stück des Baumes, unter dem man Päckchentauschen gespielt hat, aufzubewahren. Ob wir wieder einmal Päckchentauschen spielen werden, weiß ich nicht. Ich hatte auch keine Zeit, darüber nachzudenken, denn die folgenden Monate erwiesen sich als sehr aufregend. Ich wurde nämlich erwachsen.

III Hurra! Endlich erwachsen!

Ich wurde zum ersten Mal läufig. Das bedeutete, dass wir beim Spazierengehen jedem Rüden auswichen. Ich fand das schade, konnte aber nichts dagegen tun, weil meine Menschen mich nicht von der Leine ließen. Zu Hause musste ich nun Herrchens Unterwäsche auftragen.

Anschließend fühlte ich mich so erwachsen, dass ich mir von meinen Alten nichts mehr sagen lassen wollte. Herrchen und Frauchen trotzten all meinen Versuchen, in der Rangfolge aufzusteigen.
Frauchen war der Meinung, dass meine Erziehung zu wünschen übrig ließ. Wir übten wieder fleißig Altbekanntes und lernten Neues hinzu.

Frauchen schaffte es endlich, sich unterwegs meinem Tempo anzupassen. Sie nennt es Jogging und braucht dazu ganz besondere Schuhe. Anfangs verlief sich Frauchen beim Joggen häufig, und so wurde es zu meiner Aufgabe, ihr den Heimweg zu zeigen. Ein erwachsener Hund muss schließlich auch Verantwortung übernehmen.

Frauchen und ich übten Apportieren. Ich stellte fest, dass mein Ball nicht schwimmen kann, und ich lernte, was ein Dummy ist. Dann hatte ich Geburtstag und bekam einen großen Knochen geschenkt. Kurz darauf jährte sich der Tag, an dem ich meine Menschen bekommen hatte.

24 Tröpfchenzeit

Die folgende Zeit brachte einige Veränderungen mit sich. Was genau mit mir passierte, kann ich nicht sagen, doch auf einmal fühlte ich mich richtig erwachsen! Ich merkte es zunächst daran, dass ich weniger ausgelassen mit meinen Hundefreunden spielen wollte. Nun ja, das stimmt vielleicht nicht ganz. Sagen wir so, ich ließ mich länger bitten, und ich suchte mir meine Spielkameraden sorgfältiger aus. Als ich noch ein kleiner, dummer Welpe war, wollte ich mit jedem Hund, egal ob er Lust hatte oder nicht, toben. Das wurde nun anders. Ich überlegte gut, mit wem sich welches Spielchen lohnte. Herumkugeln und Raufen mit Bobby machte immer noch Spaß, allerdings war auch Bobby mittlerweile erwachsen, zumindest behauptete er das. Jedenfalls mochte er nicht immer wie ein junger Hund über die Felder kullern.

Von Maxi lernte ich viel über das Verhalten erwachsener Hunde. Wir übten Beutesuchen. Gemeinsam durchstöberten wir die winterlichen Felder nach liegengebliebenen Zuckerrüben, die wir in trauter Eintracht verspeisten. Oder wir buddelten Graswurzeln aus, die hervorragend schmeckten, wenn man die richtige Sorte fand. Aber dank Maxis Erfahrung wurde auch ich rasch zur Graswurzelexpertin. Gab es weder Rüben noch Wurzeln, begnügten wir uns damit, Grashalme vom Wegesrand zu zupfen. Ich kam mir bald genauso weise und reif vor wie Maxi und gab nichts auf das Gerede der Menschen, die neben uns standen und lästerten.
"Die beiden benehmen sich wie Kühe auf der Weide!", lachte Maxis Frauchen.
"Mal sehen, wann sie Milch geben", spottete meines.

Eines schönen Tages entdeckte Herrchen einen Tropfen dunkelrote Flüssigkeit auf dem Parkett.
"Ich glaube, Kira ist läufig", stellte er fest und grinste doof, "da müssen wir in der nächsten Zeit gut aufpassen."
Frauchen nickte zustimmend. "Irgendwann musste es ja mal losgehen. Dann besser jetzt im Winter, wenn man ohnehin nicht so viele Hunde trifft."
"He, worüber redet ihr eigentlich?", wollte ich wissen und lief hinter Herrchen her, der ein Küchentuch holte, um damit den dunklen Tropfen vom Boden zu wischen.
"Ja, Kira, das ist von dir!", behauptete er und zeigte auf die Flüssigkeit.
"Von mir? Nie im Leben!"

Aber Herrchen hatte Recht. Ich musste zu meinem Erstaunen feststellen, dass ich von Zeit zu Zeit hinten tropfte. Besonders auf dem hellen Teppich im Schlafzimmer gab es üble Flecken. Nicht dass mich das gestört hätte, aber Frauchen legte dort schnellstens eine alte Decke auf den Boden.

"Unsere Kleine wird erwachsen!", meinte Herrchen etwas wehmütig.

Ich fand diese Tröpfchengeschichte überhaupt nicht lustig. Außerdem war ich jetzt dauernd müde und hatte fast gar keine Lust mehr zum Spielen. Viel lieber wollte ich gekrault werden.

Die Tröpfchengeschichte wurde noch schlimmer.

"Wir müssen ihr ein Höschen anziehen", bestimmte Herrchen, lief ins Schlafzimmer und holte eines von diesen Dingern aus seiner Wäscheschublade, die er morgens nach dem Duschen zuerst anzieht, noch bevor er in die richtige Kleidung schlüpft.

"Eine alte Unterhose von mir müsste den Zweck erfüllen. Wir kaufen doch keine dieser teuren Hundehosen!"

"*Geizkragen*", dachte ich und beobachtete, was er als nächstes tat.

Er holte eine Schere und schnitt an dem Wäscheteil herum.

"So, ich habe ein Loch für Kiras Schwanz hineingeschnitten. Jetzt müsste es eigentlich passen."

Ich wusste zwar nicht, was er vorhatte, doch ich ahnte nichts Gutes. Sicherheitshalber verzog ich mich in meinen Korb, denn dort lassen mich meine Menschen in Ruhe. Es ist schon wichtig, wenn man einen Platz hat, auf den man sich zurückziehen kann, das merke ich immer wieder. So auch damals, als Herrchen mit dem Stoffteil aus seiner Wäscheschublade herumfuchtelte und sich suchend umsah.

"Kira? Schau, wir ziehen dir jetzt ein Hosi an!"

"*Das glaubst aber auch nur du!*"

"Kira, komm zu mir. Du bekommst auch einen Keks!"

Keks? Ich horchte auf. Nun gut, dachte ich mir, schauen wir mal, was Herrchen von mir möchte.

Von wegen Keks! Herrchen schnappte mich und streifte mir das Wäscheteil über die Hinterbeine. Damit das ganze hielt, stopfte er meinen Schwanz durch das hineingeschnittene Loch. Frauchen guckte zu und machte keine Anstalten, mir zu helfen.

"Passt!", stellte sie fest," der Hund und du, ihr habt die gleiche Wäschegröße."

Ich kam mir sehr albern vor!

Nicht mit mir, dachte ich, und zupfte solange an diesem "Hosi" herum, bis ich es mir wieder abgestreift hatte. Dann beutelte ich das Ding und ließ es anschließend achtlos mitten im Wohnzimmer liegen, trotz der Proteste meiner Menschen. Herrchens Unterwäsche auftragen, ha!

"Keine Chance", sagte Frauchen resigniert, "das trägt die nie!"

"Da könntest du Recht haben."

Ich verzog mich wieder auf meinen Platz und rührte mich nicht mehr. Am nächsten Morgen, Herrchen war zum Beutemachen unterwegs, versuchte es Frauchen auf ein Neues.

"Kira, zu ziehst jetzt dieses Hosi an!", bestimmte sie sehr energisch, und eh ich wusste, was mit mir geschah, hatte sie mir das Ding über mein Hinterteil gestülpt.

"Ja so ein feines Hosi", schmeichelte sie mit sanfter Stimme, "so eine schöne Kira, mit so einem feinen Hosi!"

"Findest du, es steht mir?"

"So ein feiner Hund, mit so einem feinen Hosi!"

Frauchen konnte sich gar nicht mehr einkriegen. Trotzdem, Hunde tragen keine Unterwäsche, und so versuchte ich auch diesmal, das Ding wieder loszuwerden.

"Kira, nein!" Frauchen sprach so energisch, dass ich verblüfft vom Hosi abließ.

"Kira, das ist ein wirklich ganz besonders schönes Hosi!", lobte sie wieder freundlich und ich war hin und her gerissen. Frauchen gefiel es anscheinend, wenn ich dieses Hosi trug. Nun gut, beschloss ich, ich versuche es. Dem Frauchen zuliebe.

"Aber draußen trage ich das Ding nicht!"

Draußen musste ich es auch nicht tragen, aber dafür blieb ich jetzt an der Leine. Meine Menschen nahmen jetzt immer die lange Laufleine mit und manchmal durfte ich sogar den Griff tragen, doch ganz frei herumzuspringen war nun plötzlich verboten. Ich verstand das nicht. Gerade jetzt, wo ich besonders viel Vergnügen daran gefunden hätte, zu wirklich jedem Hund, der irgendwo in der Ferne auftauchte, hinzulaufen.

"Sie ist völlig unberechenbar!", schimpfte Frauchen, "die würde sogar abhauen, wenn sie Menschen ohne Hund sieht. Man kann nie sicher sein, ob die nicht einen unter dem Mantel versteckt haben!"

Stimmt. Man konnte es ja wirklich nie wissen. Fremde Duftmarken waren nun wichtiger denn je. Manchmal war es nötig, über alte Markierungen die eigene zu setzen, schon um deutlich zu machen, dass ich nun hier der wichtigere Hund war. Außerdem musste ich so oft wie möglich kundtun, dass ich läufig war.

"Die pinkelt gerade alle fünf Meter", erzählte Frauchen, aber sie ließ
mich in aller Ruhe gewähren und beobachtete meine Markierungs-
aktionen mit großem Interesse. Was hätte sie auch tun sollen?
Schließlich war sie am anderen Ende der Leine und musste immer
warten, bis ich mit Schnüffeln und Markieren fertig war. Weitergehen
war da nicht drin. Pech gehabt, Frauchen. Aber nicht nur ich veränderte
mich in dieser Zeit, auch meine Hundefreunde benahmen sich äußerst
merkwürdig, vor allem die männlichen. Ich stellte fest, dass nun Rüden
an mir Interesse fanden, die mich früher, wenn ich spielen wollte, keines
Blickes gewürdigt hatten. Jetzt scheuten sie keine Mühen, nur um in
meiner Nähe zu sein! Ich fand das sehr aufregend. Meine Menschen
waren genervt.
"Heute ist dieser kleine Terrier abgehauen", erzählte Frauchen eines
Abends.
"Kira und ich waren sowieso schon abseits der üblichen Gassistrecken
unterwegs, und trotzdem kam er plötzlich fiepsend hinter uns her gerannt. Quer über die Felder. Ich habe ihn vorher gar nicht gesehen!"
Das stimmte. Sogar ich war überrascht – und hocherfreut.
"Dann wollte er dauernd auf die Kira hinauf. Die natürlich schön den
Schwanz zur Seite... Das war Stress! Meinen 30-Kilo Hund an der Leine
halten und der kleine Kerl wie verrückt drum herum hüpfend!"
Frauchen war noch richtig geschafft, als sie unser Erlebnis einem breit
grinsenden Herrchen erzählte. Der konnte gut lachen! Ihm hatte niemand
ein Rendezvous versaut! Nach einer Weile war ja das Frauchen des
Terriers zu uns gestoßen. Die sagte irgendetwas wie "abgehauen" und
entschuldigte sich auch noch dafür. Mein Frauchen nahm es mit Humor.
"Ist ja nichts passiert."
"*Eben*", motze ich und war sauer.
Ich habe wirklich nicht verstanden, warum Frauchen sich so idiotisch
aufführte und warum weder der kleine Terrier noch irgendein anderer
an mich heran durfte. Meine Menschen passten höllisch auf, dass mir
keiner zu nahe kam. Leider. Nach ein paar Tagen war ich die An-
näherungsversuche der Kerls leid und zeigte jedem, der mich nicht in
Ruhe lassen wollte, die Zähne. Es tropfte auch nichts mehr.
"Jetzt dürfte die Läufigkeit vorbei sein", seufzte Frauchen mit einiger
Erleichterung.
"Das hat jetzt exakt drei Wochen gedauert", rechnete Herrchen nach,
"ich schreibe es in den Kalender."
Ich brauchte daheim kein Hosi mehr zu tragen, was ich fast schade
fand, denn ich hatte mich sehr dran gewöhnt.

25 Noch mehr Lektionen

Nachdem die Tröpfchenzeit vorüber war, durfte ich wieder ohne Leine spazieren gehen. Aus irgendeinem Grund aber waren meine Menschen damit nun gar nicht mehr zufrieden.

"Die hört überhaupt nicht", beschwerten sie sich immer wieder, "man ruft und ruft, doch sie guckt nicht einmal."

"Mich macht das richtig wütend", schimpfte Herrchen, "diese Ignoranz!" Das stimmte so natürlich nicht. Selbstverständlich kam ich, wenn man mich rief. Irgendwann. Aber auch ich hatte unterwegs das eine oder andere zu erledigen, und da ging es nicht an, alles stehen und liegen zu lassen, nur weil Herrchen und Frauchen mal wieder pressierten.

"Ich glaube, sie hat sich jetzt sehr daran gewöhnt, an der Leine zu laufen", überlegte Frauchen. "Als sie läufig war, haben wir sie ja auch gemütlich herumschnofeln lassen. Jetzt denkt sie eben, wir stehen ohnehin in der Nähe herum und sie muss erst weiter, wenn jemand an der Leine zieht."

"Ich bezweifle, dass dieser Hund überhaupt etwas denkt", grummelte Herrchen.

"Ich war zu nachlässig", kritisierte Frauchen sich selbst. "Ohne regelmäßiges Üben geht gar nichts. Außerdem kann Kira immer noch nicht bei Fuß gehen."

"Kann ich wohl", brummte ich und guckte beleidigt. Frauchen hatte immer was zu meckern.

"Mir persönlich ist es wirklich egal, ob sie links oder rechts von mir geht, eine korrekte Wendung beherrscht oder formvollendet sitzt", sagte Herrchen, "Hauptsache sie läuft neben mir und zieht nicht an der Leine."

"Genau", fand ich. An der Leine ziehe ich nämlich selten.

"Trotzdem lässt sich da einiges verbessern", beharrte Frauchen, "oder kannst du mir sagen, warum sie bei "Fuß" immer ganz langsam hinter mir her latscht?"

"Keine Ahnung", meinte Herrchen.

"Das haben wir so geübt", erklärte ich gutgelaunt. *"Fuß heißt, langsam neben Frauchen hertappen."* Gut, vielleicht auch nicht immer direkt neben ihr. Aber auf jeden Fall ganz langsam.

Frauchen schaute mich nachdenklich an.

"Dann müssen wir eben von vorne anfangen."

Gesagt, getan. Wieder einmal sah sich Frauchen vor einem Berg voller

Probleme. Gab sie das Kommando "Fuß", drosselte ich das Tempo und wurde ganz langsam. Das hatte ich gelernt, das konnte ich. Frauchen war gar nicht zufrieden.

"Anscheinend hat Kira "Fuß" fest mit langsam gehen verknüpft", spekulierte sie äußerst schlau. Stimmt. Daran war auch nicht zu rütteln. Frauchens Versuche, mich unter Zuhilfenahme eines Kekses schnell "Fuß" laufen zu lassen, scheiterten kläglich. Ich verstand gar nicht, was sie von mir wollte. Wenn Frauchen schneller wurde, blieb ich zurück.

"Die Sache ist ziemlich verfahren", gestand sie ein und überlegte, was zu tun sei. "Wenn es mir nicht gelingt, ein altes Kommando mit einer neuen Handlung zu verknüpfen, muss ich wohl die Handlung mit einem neuen Kommando kombinieren", erklärte mir Frauchen. Ich verstand zwar kein Wort, aber es hörte sich sehr wichtig an.

Schon am nächsten Morgen übten wir etwas völlig Neues. Es heißt "schöön Fuß", wobei Frauchen die Betonung ganz deutlich auf "schön" legte.

"Schön Fuß" bedeutet zunächst, links neben Frauchen bleiben, ganz gleich, was passiert. Ob sie schnell, oder langsam geht, Kurven macht oder stehen bleibt, "schön Fuß" heißt, ich bleibe an der Stelle links neben ihr. Wir übten mit Hilfe von Leckerlis oder auch mit meinem kleinen roten Ball diese Position zu halten. Ich kapierte rasch, worum es ging, und nach einer Strecke "schön Fuß" gab es schließlich eine Belohnung in Form eines Kekses oder eines Spieles. Die Sache lohnte sich also!

Bald genügte es, dass ich wusste, dass Frauchen meinen Ball in der Jackentasche hatte, damit ich "schön Fuß" ging, und schließlich blieb ich neben ihr, nur weil sie es sagte und mich dabei lobte. Allerdings fiel es mir schon schwer, über längere Strecken "schön Fuß" zu bleiben. Oft vergaß ich einfach, dass das Kommando noch galt. Man muss sich nämlich sehr lange konzentrieren, und das fällt mir bis heute manchmal noch schwer.

"Das wird schon noch", sagt Frauchen sehr zuversichtlich. "Schön Fuß" heißt übrigens auch, die Position links neben dem Menschen auf bestimmte Weise aufzusuchen: Nämlich von rechts kommend hinter dem Menschen vorbei. Ist nicht lebenswichtig, sieht aber gut aus, findet Frauchen. Diesen Teil der Übung zeigte sie mir mit Handzeichen: Sie wies mit ihrem rechten Arm den Weg, den ich um sie herum nehmen sollte. Zunächst mit Hilfe von Keksen, dann ohne. "Drum herum", sagte sie dazu, und "schön Fuß", wenn ich die gewünschte Stelle erreicht hatte. Auch das kapierte ich rasch. Das "drum herum" konnte sich

Frauchen schon bald sparen, unser Handzeichen haben wir noch immer, aber es ist eigentlich nicht mehr nötig.

Ach ja, mittlerweile kann sich Frauchen auch wieder auf "Fuß" ohne "schön" davor beschränken. Ich hab's ja inzwischen kapiert. Aber ehrlich: Das hätte sie doch viel einfacher haben können, findet ihr nicht auch?

Soll ich euch ein Geheimnis verraten? Wenn ich heute "schöön Fuß" gehen soll, dann kann es schon sein, dass ich absichtlich bummele, nur um einen Motivationskeks abzustauben. Aber erzählt das bitte nicht meinem Frauchen!

26 Endlich Erwachsen!

Tief im Inneren wusste ich, dass ich einen wichtigen Abschnitt in meinem Hundeleben hinter mich gebracht hatte. Ja, nun war ich wohl erwachsen. Vieles deutete darauf hin, allem voran rückte wieder einmal die Frage meiner Ernährung in den Vordergrund.

"Wir müssen unbedingt das Futter wechseln", stellte Frauchen bald nach der Tröpfchenzeit fest, "sie wird von dem Welpenfutter viel zu dick!"

"Ich zu dick? Nie! Außerdem mag ich mein Futter so wie es ist."

Doch Frauchen kannte kein Erbarmen. Sie ersetzte meine Futterkringel, die sie immer so schön matschig eingeweicht hatte, durch kleine, harte Brocken, die ich zu allem Übel auch noch trocken verzehren sollte.

"Kira, das ist Erwachsenenfutter!", erklärte Frauchen stolz.

Ich dachte, ich sehe nicht recht. Gut, so für zwischendurch mochte ich dieses neue Futter ganz gerne, als kleinen Happen aus Frauchens Hosentasche, aber gleich den ganzen Napf voll mit dem Zeug? Nicht mit mir! Es wurde auch dadurch nicht besser, dass Frauchen wie üblich Gemüse, Fleisch oder Frischkäse darunter rührte. Ich fraß das trockene Gebrösel ein- oder zweimal, weil ich wirklich Hunger hatte, doch als sich dann nichts änderte, verweigerte ich die Nahrungsaufnahme, bis ich wieder matschigen, lauwarmen Futterbrei bekam. Dennoch war das Ergebnis noch nicht völlig zufriedenstellend. Mir schmeckte dieses neue Futter nicht, und so wechselten wir schließlich noch ein weiteres Mal die Sorte. Seitdem bekomme ich etwas, das meinem Welpenfutter sehr ähnlich ist, aber nicht dick macht. Sagt Frauchen. Sie sagt aber auch, dass es ziemlich viel kostet. Ist mir aber egal. Ich persönlich finde es falsch, ausgerechnet beim Hundefutter zu sparen. Ich wäre jetzt viel schlanker, heißt es, man könne nun wieder die Rippen fühlen. Mir ist das einerlei, ich wusste ja nicht einmal, dass ich Rippen habe!

Auch die Tatsache, dass es nun bei uns in der Gegend neue Welpen gab, zeigte, dass ich nun wohl das Tor zur Welt der Erwachsenen passiert hatte. Wir lernten Bille kennen. Aus Bille sollte einmal so etwas werden wie Maxi, ein Flat coated Retriever, aber damals war sie noch ein sehr kleiner, verspielter Rabauke, voller Tatendrang und Energie. Hatte Flausen im Kopf, dachte nur ans Toben und hüpfte aufgekratzt um mich herum. Ich ließ sie gewähren. Schließlich war auch ich einstmals klein und verspielt gewesen. Dann wollte sie raufen! Man stelle sich vor, dieses junge Ding forderte mich zum Balgen auf! Mich, einen nunmehr erwachsenen Hund! Ganz schön anmaßend, nicht wahr? Und ich? Nun ja, als Erwachsener hat man schon seine Pflichten, einem Welpen gegenüber. Die Kleinen müssen ja noch so viel lernen! Also ließ ich mich, natürlich zu rein pädagogischen Zwecken, auf Billes Spielereien ein. Wir fetzten über die Felder und kugelten durch den Dreck.
"Kira, raus da, auf den Weg!". In der Ferne hörte ich Herrchen rufen.
"Siehst du nicht, dass wir üben?" Ich bedachte ihn mit einem bösen Blick über die Schulter.
"Bille!" Aha, Billes Frauchen rief auch.
"Sollen wir nicht zu den Menschen laufen?", fragte Bille.
"Unsinn! Wenn du jetzt nachgibst, dann meinen sie, du müsstest immer tun, was sie sagen."
"Aber in der Welpenschule lernen wir, dass wir tun müssen, was sie sagen." Bille war verunsichert.
"Ach was. Pfeif auf die Welpenschule. Was glaubst du passiert, wenn wir jetzt nicht kommen?"
Bille überlegte.
"Weiß nicht."
"Kira, hier!" Aha, Herrchen wurde langsam grantig.
"Bille!" Billes Frauchen auch.
"Sollen wir wirklich nicht..."
"Nein! Die holen uns schon nicht aus dem Feld. Ist zu dreckig. Pass auf, es passiert gar nichts!"
Also kugelten und rauften wir weiter über den Acker.
"Siehst du, sie rufen nicht mehr", stellte ich nach ein paar Runden fest.
"Jetzt können wir hin."
Natürlich behielt ich Recht. Keiner von uns beiden wurde ausge-

schimpft, ganz im Gegenteil, wir wurden gelobt, weil wir letztendlich doch so brav zu den Menschen gekommen waren.

"Hab ich es nicht gesagt?", meinte ich triumphierend, *"die schimpfen nie, wenn man kommt, egal ob gleich oder erst später."*

Stets loben, wenn der Hund kommt, sagt Frauchen immer, sonst denkt er, er bekäme fürs Kommen geschimpft und folgt erst recht nicht. Kluges Frauchen. Kein Hund kommt gerne zu seinen Menschen, wenn er ausgeschimpft wird, da ist etwas Wahres dran. Wenn wir Hunde trotz allem gelegentlich nicht auf unsere Menschen hören, hat das andere Gründe. Vielversprechende Spuren, Mauselöcher, leckeres Gras. Ja, ihr Menschen, – da müsst ihr euch gewaltig anstrengen, wenn ihr dem etwas entgegensetzten wollt!

"Was hat denn dein Frauchen da in der Hand?", wollte ich von Bille wissen.

"Das ist mein Apportierspielzeug", erklärte sie stolz den Zweck der länglichen Stoffrolle. *"Mein Welpendummy. Frauchen wirft, und ich hole. Das lernen wir in der Welpenschule!"*

"Ich kenne da ein viel lustigeres Spiel!", erzählte ich aus dem Fundus meiner reichhaltigen Erfahrungen. *"Herrchen wirft, ich laufe hin, bringe nichts, sondern warte. Herrchen rennt hinter mir her, und versucht, mich zu fangen."*

"Und du kriegst nicht geschimpft?"

"Na wenn schon. Es ist lustig!"

Um zu demonstrieren, was ich meinte, zog ich an der Stoffwurst in der Hand von Billes Frauchen.

"Kira, lass das!", motzte Herrchen. Spielverderber.

"Willst du das haben?", fragte Billes Frauchen.

"Na klar!" Ich guckte treuherzig und wedelte mit dem Schwanz.

Es funktionierte. Billes Frauchen überließ mir die Apportierrolle.

"Ich hab sie! Ich hab sie!" Schnell hüpfte ich damit in den nächsten Acker. Bille hinterher.

"Kira, nein!" Ich überhörte Herrchens Gebrüll.

"Jetzt müssen wir es zurückbringen", meinte Bille.

"So, müssen wir? Warte ab."

Ich legte mich gemütlich nieder und kaute an der Apportierwurst herum.

"Wir kriegen bestimmt Ärger", befürchtete Bille und hüpfte aufgeregt um mich herum.

"Blödsinn!"

Die Menschen standen am Feldrand und fuchtelten lustig mit den Armen.

"Kira, brings!", lockte Herrchen.

"Bille, bring du es", forderte Billes Frauchen.
"Wenn du die Stoffrolle anrührst, gibt's Ärger", knurrte ich warnend.
"Kira!"
"Pass auf, gleich haben wir sie soweit!"
Ich hielt Billes Apportierrolle fest im Maul, setzte mich aufrecht hin und beobachtete die Menschen.
"Na los, brings", rief Billes Frauchen freundlich.
"Nö!" Ich wedelte ebenso freundlich mit dem Schwanz.
Endlich! Billes Frauchen rannte los, quer über Feld, um höchstpersönlich die Stoffwurst zu holen. Genau darauf hatte ich gewartet!
"Jetzt wird's lustig!"
Sobald sie nahe genug herangekommen war, sprang ich blitzschnell auf und galoppierte gutgelaunt über den Acker.
"Fang mich doch, fang mich doch!"
Billes Frauchen hinter mir her, Bille selbst stand da mit großen Augen. Zur Krönung trug ich das Apportierteil weit in den nächsten Acker und ließ es dort liegen. Während Billes Frauchen noch dabei war, das Ding aus dem Dreck zu holen, begab ich mich, ganz braver Hund, zu Herrchen und wartete, dass wir endlich unseren Weg fortsetzen konnten.
Ich denke, Bille hat an diesem Tag sehr viel Neues von mir lernen können.
"Das nächste Mal zeige ich dir, wie man durch eine Pfütze läuft, dass es richtig spritzt!", versprach ich ihr, als wir uns trennten.
"Du benimmst dich wie ein ungezogener Welpe!", beschwerte sich Herrchen später, "da ist ja Bille schon folgsamer!"
"Mag sein", meinte ich schwanzwedelnd, *"aber immer brav ist langweilig."*

27 Die Pflichten des treuen Hundes

Ein erwachsener Hund wie ich hat natürlich auch seine Pflichten zu erfüllen.
"Kira, du *bist* nicht erwachsen", sagte Frauchen, aber die hatte ja keine Ahnung!
Überhaupt, Frauchen. Ich weiß nicht, was passieren würde, wenn ich nicht wäre. Es gibt Tage, an denen Frauchen und ich gaaanz schnell laufen. Frauchen nennt unsere schnelleren Spaziergänge allerdings nicht Gassi, sondern Jogging, und dazu zieht sie sich ganz besondere

Schuhe an, wahrscheinlich um schneller laufen zu können. Herrchen hat solche Schuhe nicht, aber er läuft auch nie so schnell mit mir. Frauchen rennt wirklich freiwillig, nicht, wie ich erst dachte, um mit mir Schritt halten zu können. Sie sagt, das wäre sehr gesund. Anfängliche Bedenken, Joggen könnte mir oder meinen Gelenken schaden, schob Frauchen zum Glück rasch beiseite.

"Wir fangen ganz langsam an", sagte sie, "zwischendurch laufen wir ein paar Minuten, damit sie sich daran gewöhnt. So eine Art Intervalltraining."

Außerdem war ich, laut Frauchen, zumindest dazu inzwischen alt genug. Fast ein Jahr!

"Die rennt ohnehin immer wie eine Blöde", sagte sie, "ganz egal, wie schnell ich laufe."

So kam es, dass wir während der normalen Spaziergänge immer wieder für ein paar Minuten rannten, dann wieder langsam gingen und schließlich wieder rannten. Heute laufen wir selbstverständlich die ganze Strecke am Stück. Besonders anstrengend ist das wirklich nicht, finde zumindest ich. Selbst wenn Frauchen joggt, kann ich gemütlich neben ihr hertraben. Frauchen, die schon viele Jahre läuft, muss zugeben, dass ich sehr ausdauernd bin.

Wir joggen immer auf den weichen, grasbewachsenen Wegen zwischen den Feldern und selbstverständlich ohne Leine. Angeleint zu joggen stelle ich mir nicht besonders schön vor, schließlich muss Hund trotz allem ab und zu stehen bleiben und schnüffeln. Frauchen läuft dann zwar weiter, aber ist sehr einfach, sie wieder einzuholen. Menschen sind nicht besonders schnell, selbst dann nicht, wenn sie sich Mühe geben. Am Anfang wäre es allerdings sehr sinnvoll gewesen mit Leine zu joggen. Nicht meinetwegen, unsere Laufstrecken kannte ich rasch in- und auswendig. Ich wenigstens wusste bald, welche Wege wir einschlagen mussten, um wieder am Ausgangspunkt anzukommen.

Aber das Frauchen! Ich kann euch sagen, es war wirklich schlimm mit ihr. Keinerlei Orientierungssinn! Zunächst war alles in Ordnung. Wir liefen wie gewohnt los, diesen langen Grasweg entlang, bogen einmal links ab, bis zur nächsten Kreuzung, wo es bei Regen immer so herrlich schlammig ist. Dort mussten wir nach rechts in Richtung des großen Misthaufens, an dem mich Frauchen immer vorbeilotsen wollte. Anschließend ging es immer nur geradeaus, solange bis Frauchen das Zeichen zum Umkehren gab und "Kira, zurück!" rief. Für mich war es das Signal, unsere Spur bis zum Ausgangspunkt zu verfolgen, und zwar möglichst schnell. Ich rannte dann wie der Blitz unsere Strecke zurück, die Nase dicht am Boden haltend. Frauchen hatte keine Chance, hinterherzukommen. Ab und zu machte ich Halt und schaute, wo sie blieb.

"Kira, langsam, warte auf mich", hechelte sie dann außer Atem. Manchmal ließ ich sie ganz nahe herankommen, bevor ich weiterflitzte. Meistens allerdings nicht. Ich rannte und rannte und rannte. Den Weg kannte ich schließlich. Hinter mir hörte ich das Frauchen, nach Luft schnappend und irgendwann ziemlich grantig.

"Jetzt mach endlich langsam!"

Dann aber gab sie sich besondere Mühe, richtig schnell zu rennen, und das ist schließlich der Sinn des Joggings, oder?

Ich zumindest fand es lustig, und es zeigte mir einmal mehr, dass Hunde den Menschen weitaus überlegen sind. Noch deutlicher zeigte sich das, wenn wir am Ziel unserer Laufstrecke angekommen waren, einer bestimmten Kreuzung nämlich, von der aus wir gemütlich zurück nach Hause spazieren konnten. Aber glaubt ihr, Frauchen kapierte das? Nein, in schöner Regelmäßigkeit rannte sie in die falsche Richtung.

"Komm Kira, noch ein kleines Stück."

Oder, noch schlimmer, sie drehte einfach um, und lief den Weg, den wir eben gekommen waren, zurück.

"Kira, uns fehlen nur noch fünf Minuten!"

Aber nicht mit mir! Ich setzte mich dann erst einmal auf die Kreuzung und wartete.

Frauchen lief weiter in die verkehrte Richtung und rief nach mir.

"Kira, los weiter, ist schon richtig!"

Aber ich wusste es besser und wartete.

Manchmal erkannte Frauchen ihren Irrtum und kam zurück.

"Kira, mit dir kann man nicht joggen!"

Oft blieb Frauchen hartnäckig und lief unbeirrt weiter.

Nach einer Weile musste ich natürlich hinterher. Ich konnte sie schließlich nicht alleine lassen.

"Siehst du, Kira, es geht doch!"

Nachdem wir ein paar Mal nach reichlichen Umwegen unser Jogging-pensum beenden konnten, ging mir Frauchens mangelnder Orien-tierungssinn so sehr auf die Nerven, dass ich etwas unternehmen musste. Ich befürchtete, dass sie irgendwann den Rückweg wirklich nicht mehr finden und wir uns ganz schrecklich verlaufen würden. Als sie wieder in die falsche Richtung rannte und nicht umkehrte, obwohl ich auf der Kreuzung sitzend auf sie wartete, ergriff ich die Initiative. Ich fing das Frauchen einfach wieder ein! Ich schnappte sie am Ärmel und bremste sie aus. Dann versuchte ich ihr klarzumachen, dass wir umdrehen müssten, indem ich sie am Ärmel auf den richtigen Weg führte. Frauchen war perplex und folgte mir brav.

"Was soll das denn?", fragte sie, "du willst den Weg bestimmen?"

Ich denke dass sie froh war, einen so klugen Hund zu haben.

Mir machte es übrigens großen Spaß, auch andere Hunde an der Leine zu führen. Zuerst durfte ich es bei Maxi probieren. Maxi war angeleint und ich bekam das Leinenende ihres Frauchens zum Tragen. Maxi musste überall dort hin, wo ich wollte. Schließlich trug ich die Leine und hatte die äußerst verantwortungsvolle Aufgabe, Maxi den richtigen Weg zu weisen. Hinterher wurde ich gelobt, weil ich meine Arbeit so vorbildlich erfüllt hatte. Was war ich stolz!

Als nächstes versuchte ich es bei Bobby.

"Bring ihn nach Hause!", ermunterte mich Frauchen, nachdem sein Herrchen mir bereitwillig die Leine überlassen hatte. Genau das tat ich forschen Schrittes und ohne zu zögern.

"He, nicht so schnell", meckerte Bobby.

"Stell dich nicht so an!"

"Darf ich vielleicht an der nächsten Ecke markieren?", fragte er in sehr aufsässigem Ton. *"Ich bin ein Rüde. Wir heben ab und zu das Bein!"*

"Verkneif's dir", wies ich ihn zurecht, und als er doch ausbrechen wollte, zog ich ihn energisch zurück auf den Weg, ganz so, wie es meine Menschen bei mir tun.

"Auf den Weg und Fuß!", herrschte ich ihn an, *"ich habe einen Job zu erledigen!"*

Bobby trottete schließlich missmutig hinter mir her.

Als wir uns das nächste Mal trafen, wollte ich ihn wieder führen. Die Menschen hätten es auch erlaubt, nur Bobby wehrte sich heftig. Immer wenn ich seine Leine nehmen wollte, schnappte er mich an den Ohren. Das ließ ich mir freilich nicht gefallen, und wir balgten und rauften solange, bis wir völlig in den Leinen verknotet waren und die Menschen uns wieder befreien mussten. Natürlich schnappte ich sofort wieder nach seiner Leine, Bobby wieder nach meinen Ohren.

"Was soll das Theater?", wollte ich wissen.

"Ich lass mich doch von dir nicht an der Leine führen!"

"Aber warum nicht? Ich mache das gut!"

"Von einem kleinen Mädchen!"

"Ich bin älter als du!", protestierte ich. Aber vergebens.

"Wenn mich jemand sieht!", beschwerte sich Bobby. *"Ich werde zum Gespött der ganzen Gegend!"*

Jungs sind komisch, finde ich, immer darauf bedacht, gut vor den Kumpels dazustehen. Sich nur keine Blöße geben. Immer cool bleiben. Besonders mein Freund Bobby. Ohne großes Aufheben, aber dennoch nicht problemlos ließ sich dann ein schwarzer, flauschige Welpe, neu in der Gegend, von mir an der Leine führen. Ohne großes Aufheben, weil er wohl meine Autorität anerkannte, nicht problemlos deshalb, weil er vom An-der-Leine-laufen noch keine Ahnung hatte. Der kapierte nicht, was er tun sollte! Anstatt neben mir zu bleiben, lief er sonst wohin, verließ den Weg, trottete durch die Felder. Ich hatte meine liebe Not, hinterherzukommen und keinen blassen Schimmer, wie ich ihm klarmachen sollte, was er tun musste. Immer wieder setzte er sich trotzig hin und war durch nichts zum Weiterlaufen zu bewegen. Ich war völlig ratlos. Da saß ich also, die Leine eines sturen, bockigen Welpen im Maul, der dahockte und sich keinen Millimeter rührte!

"Da siehst du mal, wie das ist", spottete Herrchen, "das haben wir monatelang mitgemacht."

Ich fand es überhaupt nicht lustig und war froh, als ich die Leine wieder abgeben durfte.

Meinem Frauchen musste ich noch öfter nach dem Joggen den Heimweg weisen, bis sie endlich kapierte, dass sie unsere Laufstrecken so wählen sollte, dass wir ohne Umwege den Ausgangspunkt erreichten. Tat sie es nicht, machte ich sie darauf aufmerksam. Wenn ich sie nicht am Ärmel zu fassen kriegte, dann versuchte ich, die Leine zu erwischen, die Frauchen meistens umgehängt hat. Ein Hund meines Alters muss schließlich Verantwortung übernehmen. Frauchen schien zusehends verwundert, und konnte sich mein Tun so gar nicht erklären. Bald machte sie sich ernsthaft Gedanken.

"Willst du den Weg bestimmen?", fragte sie mich ganz erstaunt, "haben wir vielleicht ein kleines Autoritätsproblem?"

Ich bestritt Frauchens Vermutungen schwanzwedelnd, doch ganz überzeugt war sie wohl nicht.

"Los, Kira, du darfst den Weg bestimmen", erklärte sie beim nächsten Abendspaziergang, "das willst du doch, oder?"

Eigentlich wollte ich das nicht, doch Frauchen machte keinerlei Anstalten, weiterzugehen oder Anweisungen zu geben. Den Weg zu den Feldern fand ich problemlos, doch als Frauchen meine Leine löste und noch immer nicht viel sagte, wurde ich unsicher. Also steuerte ich zunächst die Spielwiese an. Frauchen folgte kommentarlos.

Auf der Wiese war nichts los, und so dachte ich, wir könnten noch ein Stückchen spazieren gehen. Bloß wohin? Ich sah Frauchen an.
"Kira bestimmt den Weg."
Ich ging zögernd an der Scheune am Rande der Wiese entlang. Frauchen folgte mir. Ich umrundete die Scheune, einmal, zweimal, und weil mir nichts Besseres einfiel, zum drittenmal. Frauchen sagte nichts und blieb hinter mir.
"Was sollen wir denn tun?", fragte ich kleinlaut.
Nun hatte ich unseren üblichen Gassiweg entdeckt.
"Sollen wir hier lang gehen?" Ich sah hilfesuchend zu Frauchen.
"Wo immer du magst", meinte sie.
Ich war ratlos. So ein blödes Gassi. Ich musste mich stark konzentrieren, um eine unserer üblichen Wegstrecken zu finden. Tatsächlich, das war verflucht schwer, und mir dämmerte, dass Frauchen, die sonst unsere Spazierwege aussuchte, eine sehr verantwortungsvolle Aufgabe hatte. An diesem Tag allerdings war sie keine große Hilfe. Sie hielt sich beharrlich hinter mir und jedes Mal, wenn ich sie ratlos anblickte sagte sie bloß: "Kira bestimmt den Weg."
Ich hatte wirklich genug von diesem Spiel und legte mich erschöpft an den Wegesrand. Frauchen setzte sich neben mich.
"Na gut. Machen wir eine Pause."

Als ein Mann des Weges gejoggt kam, setzte ich mich auf, um besser sehen zu können. Frauchen hockte sich neben mich. Der Mann guckte komisch, als er vorbei lief, und mir war, als ob er es sehr eilig hatte, weiterzukommen.
"Wollen wir auch weiter?", fragte ich Frauchen und stand auf.
"Ganz wie du meinst", sagte sie und folgte mir.
Wir waren schon eine Weile unterwegs, als Frauchen endlich wieder die Führung übernahm.
"Wenn wir heute noch nach Hause wollen, müssen wir da lang.", meinte sie an einer Weggabelung, an der ich unschlüssig verweilte, und zeigte nach rechts. Was war ich froh, endlich wieder ein vernünftiges Wort zu hören! Ich wollte diese ganze Verantwortung nicht haben. Ich war müde und überfordert und so glücklich, dass Frauchen wieder alles unter Kontrolle hatte, dass ich nicht einmal trödelte.
"Wie? Du kannst Fuß laufen?", fragte Frauchen, als ich brav neben ihr an der Leine ging.

Ich wäre sogar auf den Hinterpfoten heimspaziert, wenn sie es verlangt hätte, so erleichtert war ich. Frauchen begriff übrigens rasch, dass ihr Kira-bestimmt-den-Weg-Spiel keine gute Idee gewesen war. Später bekam ich vor lauter Aufregung prompt Durchfall. Frauchen hatte ein schlechtes Gewissen. Geschah ihr aber recht.
"Ein Dominanzproblem haben wir jedenfalls nicht."
Das dachte zumindest Frauchen.

28 Immer Ärger mit den Alten

Ich war mittlerweile richtig groß geworden. Ich hatte meine erste Läufigkeit hinter mir, und ich wusste inzwischen eine ganze Menge vom Leben. Frauchen ließ mich immer sorgloser alleine die Wohnung bewachen, wenn sie fort musste. Kurz und gut, ich war ein erwachsener Hund. Ich wusste, wie man andere Hunde begrüßt, und dass man sich vor den kleinen, giftigen am besten in Acht nimmt. Ich durfte dumme Welpen zurechtweisen, wenn sie Unsinn trieben. Natürlich ließ ich mich gerne auf ein Raufspielchen ein, die Kleinen mussten schließlich etwas lernen, aber hin und wieder machte ich deutlich, wer das Sagen hat.
Ein gravierendes Problem mit dem Erwachsensein gab es allerdings: Meine Menschen hatten es noch nicht gemerkt.
"Die hüpft herum wie ein Welpe", hieß es, wenn ich mit den Kleinen übte.
"Die kann sich noch nicht lange konzentrieren", sagten sie, wenn ich mal wieder nicht zuhörte.
"Sie ist noch so verspielt, nicht aufmerksam, ein richtiger Spinner." Und so weiter und so fort. Ich konnte es schon nicht mehr hören! Irgendetwas musste geschehen. Von wegen, "Golden Retriever brauchen mindestens zwei Jahre bis sie erwachsen sind", wie meine Menschen behaupteten. Ich war knapp eins und fühlte mich reif und selbstständig. Was war zu tun? Ich beschloss, mir einfach nicht mehr alles gefallen zu lassen. Kira, tu dies nicht, Kira tu das nicht, so konnte man einen Welpen herumkommandieren, keinesfalls aber einen erwachsenen Hund!

Punkt eins meiner Maßnahmenliste gegen das Herumkommandiert-werden bestand darin, dass ich mir nicht mehr vorschreiben lassen wollte, wann wir beim Gassi nach Hause gingen.
"Kira, wir gehen nach Hause", sagten meine Menschen immer gegen Ende des Spaziergangs, "letzte Pieselchance."

Früher fand ich diese Ankündigung sehr hilfreich, denn es konnte schon passieren, dass wir mir nichts dir nichts vor der Haustüre standen, und ich noch einmal dringend musste. Frauchen hatte wohl begriffen, wie unangenehm eine solche Situation für mich war, und so machte sie mich rechtzeitig darauf aufmerksam, dass sich unser Gassi dem Ende näherte. Mittlerweile aber kannte ich mich schon bestens in der Gegend hier aus, und ich wusste längst selbst, welche Wege meine Menschen einschlugen, wenn sie heim wollten. Die Ankündigung "wir gehen nach Hause" war aber nach wie vor sehr nützlich, signalisierte sie mir doch, dass ich ab jetzt gaaanz langsam tun musste.

"Kira, es geht nach Hause."

"Das denkst vielleicht du. Ich möchte noch nicht."

Dann schlenderte ich gemütlich des Weges, schnüffelte hier, schnüffelte dort, bis, ja bis meine Menschen ungeduldig wurden.

"Jetzt hör auf zu trödeln und komm endlich!"

Aha, der Ton klang langsam gereizt, ich war auf dem richtigen Weg.

"So kannst du nicht mit mir reden!"

Ich guckte beleidigt, ließ die Ohren hängen und setzte mich hin.

"Kira!"

Es funktionierte! Dann folgte der Ruck an der Leine.

"Los, aufstehen. Wir wollen nach Hause."

"Wir? Du vielleicht. Ich nicht."

Sicherheitshalber legte ich mich hin.

"Ach Kira. Das ist nicht komisch."

"Ich finde es sehr komisch!"

Zumindest solange, bis meine Menschen ernsthaft böse wurden, mit mir schimpften und mich notfalls höchstpersönlich auf die Beine stellten. Einmal hat Frauchen mich sogar getragen. Das war so: Wir waren mit Bonny und ihrem Frauchen Gassi und befanden uns bereits auf dem Heimweg durch das Wohngebiet. Bonny und die Menschen gingen voraus, ich schlenderte gemütlich an der Leine hinter Frauchen her und sorgte dafür, dass unser Tempo nicht zu schnell wurde. Während ich rechts und links die Gegend bewunderte, bemerkte ich, wie Billy, der junge Huskymischling, den Kopf durch den Gartenzaun steckte, weil er uns gesehen hatte. Höflich, wie ich nun einmal bin, wollte ich sofort über die Straße, um ihn zu begrüßen. Ich dachte natürlich nicht daran, dass Frauchen meine Leine festhielt, als ich lospurtete.

"Ich glaube, du spinnst!", fauchte sie mich an, nachdem sie der plötzliche Ruck fast von den Beinen gerissen hatte.

"Ich wollte doch nur zu Billy", meinte ich kleinlaut und ließ die Ohren hängen, um meinen guten Willen zu demonstrieren.

"So geht's nicht, Fräulein", belehrte mich Frauchen, "du kannst nicht einfach losstürmen. Noch dazu über die Straße. Los, wir gehen weiter."

Sie zog mich zurück auf den Gehweg und erklärte Bonnys Frauchen, dass sie nicht vorhätte, mein Verhalten zu belohnen, indem sie mich jetzt zu Billy ließe. Ich fand das hundsgemein und legte mich hin, um allen zu zeigen, dass man so mit mir nicht umspringen durfte. Außerdem sollte Bonny ruhig sehen, wie man seine Alten ärgert!

"Kira, mach kein Theater. Los, aufstehen!"

"Nö, ich mag nicht."

"Wenn du nicht sofort weiterläufst, dann trag ich dich."

"Tust du nie!"

Ich war auf eine unserer üblichen Können-wir-jetzt-weiter-Geplänkel gefasst, doch anscheinend hatte Frauchen keine Lust zu streiten. Sie tat es tatsächlich: Sie hob mich hoch und trug mich ein Stück. So eine Blamage! Ich wäre am liebsten im Erdboden versunken. Bonny grinste den ganzen restlichen Heimweg schadenfroh vor sich hin.

Die Taktik des Trödelns und Hinlegens warf zwar insbesondere Frauchen etwas aus der Fassung, aber dem eigentlichen Ziel, endlich als erwachsener Hund anerkannt zu werden, brachte sie mich kein Stück näher.

"Sie benimmt sich albern", hieß es, "sie befindet sich in einer pubertären Trotzphase."

Von wegen Trotzphase! Ich beschloss, zu härteren Maßnahmen zu greifen und meinen Menschen einmal richtig die Zähne zu zeigen. Das meine ich wörtlich, und es bedeutete, dass ich beim nächster Gelegenheit, als Frauchen mir unterwegs etwas fortnehmen wollten, was ich ihrer Meinung nach nicht fressen durfte, mein beeindruckendes Gebiss freilegte und drohte.

"Wie, du willst beißen?" Frauchen war perplex. "Das geht nicht!"

"Komm näher und du hast deine Hand gesehen!"

Ich knurrte gefährlich.

Frauchen war völlig aus dem Häuschen. Sie packte mich kurzerhand am Kragen und schüttelte mich heftig. Gleichzeitig brüllte sie mich so sehr an, dass mir die Ohren wehtaten.

"Was soll das? He, trau dich mich zu beißen, trau dich doch!"

Sie hielt mir ihre Hand vor die Schnauze.

"Los, trau dich!"

"Aber.., aber.., aber..., das habe ich doch nicht so gemeint."
Jetzt war es an mir, ratlos zu sein. Ich hatte nicht damit gerechnet, dass sie mich wie einen unverschämten Welpen am Genick packen und beuteln würde. Für den Moment gab ich mich geschlagen. Frauchen hatte mir deutlich gezeigt, wer das Sagen hatte. Aber an klein beigeben dachte ich damals noch lange nicht. Vielleicht war ja nur der Zeitpunkt schlecht gewählt, überlegte ich mir, probieren wir es eben ein anderes Mal. Oder bei Herrchen.

Wie sich herausstellte, verstand der in dieser Hinsicht auch keinen Spaß. Als ich ihm drohend die Zähne zeigte und nach seiner Hand schnappte, rollte er mich blitzschnell auf den Rücken, nur um zu beweisen, dass er der Stärkere war. Ich schmollte und wollte für den Rest des Tages nicht mehr mit ihm spielen. Ich bin niemand, der schnell aufgibt, und so versuchte ich noch öfter, meinen Rang in unserem Familienrudel durch Drohgebärden zu verbessern. Es klappte nicht. Ich zog jedes Mal den Kürzeren und musste mich dem Willen meiner Menschen fügen. Gemein, gemein, gemein. Erwachsener wirkte ich in ihren Augen damals freilich nicht.
"Sie ist in einer richtigen Flegelphase. Steckt mitten in der Pubertät. Ist frech, aufsässig und fordernd!"
Ich konnte gar nicht glauben, dass bei diesen Worten von mir die Rede war. Die Menschen machten doch auch, wozu sie Lust hatten, warum durfte ich es nicht?
Ich sah aber schließlich ein, dass die Machtkämpfe zu nichts führten, und so ließ ich es gut sein. Es ist nicht schlimm, dass ich in unserem Familienrudel bis heute die Rangniedrigste geblieben bin. Damit kann ich leben. Es bedeutet schließlich auch, dass meine Alten für mich sorgen und mich beschützen müssen.

Tatsächlich legen wir Hunde nicht notgedrungen besonderen Wert darauf, im Rudel immer weiter aufzusteigen und eine Karriere als Alphatier anzustreben, wie ihr Menschen das wahrscheinlich tätet. Für uns ist es am wichtigsten zu wissen, wo unser Platz im Rudelgefüge ist. Wenn sich alle ihrem Rang entsprechend verhalten, gibt es kaum Probleme, denn dann weiß jeder, was er zu tun und zu lassen hat. Ich sage es ja nicht gerne, aber für euch Menschen bedeutet es eine große Verantwortung, wenn ihr im Familienrudel das Alphatier sein wollt. So einfach, wie ihr euch das manchmal vorstellt, ist es nämlich nicht. Den Job des Alphas muss man sich verdienen, und mit soviel Selbst-sicherheit ausüben, dass es keinen Zweifel an der Autorität des

Ranghöchsten gibt. Rudelleben heißt nämlich nicht, dass Hund kleingedrückt und niedergemacht wird. Autorität erwirbt sich Mensch auch nicht durch Brüllen und Schlagen. Damit beweist der vermeintliche Rudelführer lediglich seine Schwäche und kann sich nicht souverän durchsetzen. Hund gehorcht in solchen Fällen wenn überhaupt, dann aus Angst, nicht aus dem Bedürfnis heraus, für seinen Menschen oder das Rudel das Richtige zu tun. Die wichtigste Voraussetzung für einen Menschenalpha ist immer noch, dass er das Vertrauen zu seinem Hund stärkt und pflegt. Keiner behauptet, dass es eine einfache Aufgabe ist. Aber sonst könnte ja jeder kommen und Alphatier werden.

29 Auf zum fröhlichen Jagen

Ich bin ein großer Jagdhund, wusstet ihr das? Ich ahnte es, seit ich als Welpe einmal diesen großen, schwarzen Vogel erwischt habe. Zugegeben, es war nicht sehr klug von diesem Vogel, schlapp und kraftlos über die Wiese zu hüpfen. Wozu hatte er denn Flügel? Aber wahrscheinlich kam mein Angriff zu überraschend. Es muss sehr beeindruckend gewesen sein, wie ich blitzartig angesaust kam, geradewegs auf ihn zu und ihn, so schnell konnte der gar nicht reagieren, am Flügel erwischt habe. Ich war mächtig stolz!
Weniger anmutig, aber ebenso schnell war Frauchen neben mir und nahm mir meine Beute wieder ab.
"Kira, aus. Das darfst du nicht. Die arme Krähe!"
"Darf ich wohl!"
Die Krähe hüpfte mittlerweile über die Felder davon.
"Die war schon angeschlagen, sonst hättest *du* sie nie erwischt!", sagte Frauchen.
"Hätte ich doch!", maulte ich.
"Ich habe sie schließlich schon vor dir gesehen. Die hatte was am Flügel."
"Du hast sie entwischen lassen", motzte ich.
"Na dann komm. Jetzt können wir ihr auch nicht mehr helfen. Armer Vogel."
"Arme Beute. Blödes Frauchen."
Ich schmollte ein Weilchen.

Von nun an interessierten mich diese großen, schwarzen Vögel gewaltig. Spätestens seit es Herbst geworden war, traf man sie überall auf den Feldern. Dort saßen sie dann, einzeln oder auch zu zweit, und harrten der Dinge.

Von meinem damaligen Erfolg angespornt, versuchte ich mein Jagdglück. Anschleichen, losspurten, zuschnappen, so hatte ich mir das vorgestellt. Und die Krähen? Die erste, die ich fangen wollte, blieb lange ruhig sitzen. Ich war schon fast an ihr dran, als sie sich gemächlich in die Lüfte erhob und davonflog. Allerdings nur einige Meter, dann landete sie wieder. Ich natürlich hin. Die Krähe flog wieder ein Stück, landete. Ich hinterher. Frauchen hinter mir her.

"Kira nein!"

Die Krähe flog ein wenig, ich lief ein wenig. Frauchen tobte, aber das war mir egal. Ich stellte nämlich fest, dass es Spaß machte, mit dieser Krähe Fangen zu spielen, und ich denke, auch der Vogel hatte sein Vergnügen. Irgendwann hatte die Krähe keine Lust mehr und flog davon. Ich lief zurück zu Frauchen, wohl wissend, dass sie sauer war, aber nicht schimpfen durfte, weil ich letztendlich doch brav gekommen bin.

"Kira, der Vogel spielt nur mit dir", meinte sie, "und du dumme Nudel fällst darauf rein."

"Ist nicht wahr", protestierte ich, *"wenn ich gewollt hätte, dann hätte ich die Krähe schon erwischt. Ich wollte nur nicht!"*

Auch bei unseren nächsten Zusammentreffen mit den großen, schwarzen Vögeln vergnügten wir uns mit Fangespielen.

Blöderweise entwickelten meine Alten im Laufe der Zeit ein Gespür, die Krähen lange vor mir zu entdecken und mich anzuleinen. Spielverderber. Ich konnte nicht mehr jagen und ich glaube, die Krähen verloren das Interesse, weil ich ja nicht mehr hinter ihnen her laufen durfte.

So rückten die vergnüglichen Jagdspielchen mit den schwarzen Vögeln etwas in den Hintergrund, doch es dauerte nicht lange, da erregte etwas anderes meine Aufmerksamkeit.

Mein Jagdinstinkt erwachte erneut, als der Winter fast schon vorüber war. Frauchen und ich waren guter Dinge und absolvierten unseren Nachmittagsspaziergang.

"Kira, pass auf. Da kommt ein Traktor", meinte Frauchen plötzlich und zog mich am Halsband an den Wegesrand, wo ich mich hinsetzen musste.

"Brav warten", mahnte sie und hielt mich fest.

Ich tat, wie gewünscht, – ja, ja, auch das kommt manchmal vor –, und sah zu, wie dieses riesige, laute Ding mit den großen Rädern vorbeiknatterte. Mir waren diese Traktoren hin und wieder aufgefallen, doch ich konnte mir keinen Reim darauf machen, welchen Zweck sie erfüllten. Autos sahen anders aus, und das hieß wohl, dass man Traktoren nicht für Ausflüge würde nutzen können. Wozu also waren sie gut? Diese Frage beschäftigte mich, als der Traktor sich von uns entfernte und wir endlich weiter konnten.

Warum haben Frauchen und Herrchen keinen Traktor, überlegte ich und sah dem ungewöhnlichen Fahrzeug hinterher. Niemand, den ich kenne, hat einen Traktor. Ich beobachtete, wie er in einen Acker einbog. Wahrscheinlich konnte man damit prima über die Felder tollen! In diesem Moment überkam es mich: Ich musste dieses Ding unbedingt haben! Ich rannte los, so schnell ich nur konnte, dem Traktor hinterher, geradewegs auf den Acker. Frauchen war auch losgelaufen und rief irgendetwas. Das bestärkte mich in meinem Unternehmen. Wahrscheinlich wollte auch Frauchen diesen Traktor haben. Sie war allerdings viel zu langsam, denn als sie ankam, war ich schon dabei, um ihn herumzuspringen und zum Anhalten aufzufordern.
"Komm her, damit ich dich fangen kann!", knurrte ich drohend, doch der Traktor reagierte nicht. Wahrscheinlich konnte er mich nicht hören, weil er selbst so einen Lärm machte. Ich wollte gerade näher heran, um mich bemerkbar zu machen, da packte mich jemand grob am Kragen. Frauchen. "Ich glaub du spinnst!", schimpfte sie, noch ehe ich ihr klarmachen konnte, dass ich es fast geschafft hätte, den Traktor für uns einzufangen. "Einfach weglaufen! Was soll das?"
"Ich hätte ihn fast gehabt!", meinte ich und guckte vorwurfsvoll.
"Dummer Hund, das ist gefährlich!", motzte Frauchen und leinte mich an.

Der Traktor nutzte die Gunst der Stunde, um sich aus dem Staub zu machen.
"Frauchen, schnell, er haut ab!"
"Los, weiter. Runter vom Feld!"
Frauchen zog mich zurück auf den Weg. Sie schnaufte tief und drückte mich ganz fest an sich.
"Ich habe mir doch Sorgen gemacht. Da hätte sonst was passieren können."
Ich jedoch war enttäuscht und schmollte. Da hätten wir den Traktor fast erwischt und dicke Beute machen können, doch Frauchen vermieste meinen schönen Plan. Das durfte nicht wahr sein! Herrchen wäre bestimmt sehr stolz auf uns gewesen, wenn wir ihm solch eine fette Beute präsentiert hätten.

Aber wahrscheinlich hatte sich Frauchen von dem lauten Knattern des Traktors beeindrucken lassen und hielt es für klüger, abzuwarten. So kam es, dass ich in den nächsten Tagen verstärkt nach Traktoren Ausschau hielt, und gegebenenfalls versuchte, ihnen hinterher zu jagen. Komischerweise reagierte Frauchen immer überraschend schnell und nahm mich an die Leine, sobald sich so ein Knatterfahrzeug näherte. "Kira, nein, wir brauchen keinen Traktor!", erklärte sie mit erster Stimme. *"Ach nein? Würde mir aber gefallen."* Schließlich ließ ich mich überzeugen und hörte auf, die Dinger zu jagen. Wenn Frauchen wirklich keinen Traktor wollte, konnte ich ihr auch nicht helfen. Wozu also die Mühe? Übrigens, kürzlich habe ich etwas Neues gesehen. Viel größer und schöner als Traktoren. Es heißt Mähdrescher!

Aber ein Gutes hatte diese Geschichte doch: Ich war davon überzeugt, dass ein großer Jäger in mir steckte. Freilich hatte ich inzwischen den leisen Verdacht, dass gerade das bei meinen Menschen nicht allzu große Begeisterung hervorrief.

Wie Recht ich hatte, zeigte sich, als es mir endlich doch einmal gelungen war, Beute zu machen. Eigentlich wollte ich im Garten lediglich ein wenig frisches Gras fressen, doch dann bemerkte ich ihn, den kleinen Vogel, der unter einem der Gartenstühle lag. Ich nichts wie hin. Zwar bewegte er sich überhaupt nicht, aber was machte das schon, Beute war Beute und ich ein großer Jagdhund. Vorsichtig nahm ich den reglosen Vogel ins Maul. Was war ich stolz! Frauchen hat einen siebten Sinn für Sachen, die ihrer Ansicht nach nicht in Ordnung sind. Leider fällt fast alles, was ich tue unter diese Kategorie. "Kira, was hast du da?", fragte sie freundlich, "zeig her." *"Hmmpf...nööö!"* "Kira, zeig her!" Frauchen wurde energischer und kam gucken. "Iiiek...", quiekte Frauchen, "Kira, aus!" Ich hielt meine Beute so fest ich nur konnte im Maul. Gerade einmal Kopf und Schwanzfedern des kleinen Vogels lugten hervor. "Kira aus, das ist eklig!" Frauchen hörte sich gar nicht gut an, aber sie versuchte hartnäckig, mir das Maul aufzusperren. Fast hätte sie es ja geschafft, aber weil ich meine Beute nicht teilen wollte, und auch, weil Frauchen bisher alles, was ich fangen wollte, wieder hat laufen lassen, zerbiss ich den kleinen Vogel hastig. "Kira aus. Ich glaube mir wird schlecht!"

Frauchen hörte sich hysterisch an.

"Nein, du kriegst meine Beute nicht!" Ich kaute schneller.

Frauchen hatte inzwischen davon abgelassen, mir ins Maul fassen zu wollen.

Stattdessen würgte und schüttelte sie mich gleichzeitig.

"Gib jetzt endlich aus. Ich kann dir das Ding nicht aus dem Maul holen!"

"Dann hör auf mich zu schütteln!"

Aber Frauchen hörte nicht auf, bis mir schließlich der Vogel, oder das, was davon übrig war, aus dem Maul fiel.

"Du gehst jetzt sofort rein", befahl Frauchen und schob mich in die Wohnung.

Dann nahm sie die kleine Schaufel, mit der meine Alten früher immer meine Haufen wegräumen mussten, schippte die Vogelreste darauf, und kippte sie mit angewiderter Miene in die große braune Tonne, in die sonst alte Äste, kaputte Blumen und Kaffeefilter geworfen werden.

Frauchen war ganz komisch, als sie wieder hinein kam.

"Jetzt ist mir schlecht.", meinte sie kleinlaut.

"Selber Schuld. Das war meine Beute!"

Obgleich mir Frauchen auch bei diesem Vorfall die Beute wieder abgenommen hatte, halte ich mich nach wie vor für einen begnadeten Jäger. Und zu jagen gibt es so vieles! Mäuse zum Beispiel. Ich weiß, die wohnen in tiefen Löchern unter der Erde, und einmal habe ich gesehen, wie so eine Maus blitzschnell aus einem Loch herausgeschossen und in einem anderen verschwunden war. Wie man diese kleinen Pelztierchen erwischen soll, habe ich noch nicht herausgefunden, obwohl ich von Hundefreunden gehört habe, dass es ganz leicht sein soll. Man müsse nur lange genug buddeln. Ich persönlich buddele zwar gerne, aber wenn sich nach einiger Zeit noch immer nichts rührt, finde ich es langweilig. Mäuse fängt man so wahrscheinlich keine. Und selbst wenn, – meine Menschen lassen mich nur selten richtig ausgiebig buddeln. Im Garten bei uns darf ich ja nicht und unterwegs wollen sie immer gleich weiter. Einmal habe ich trotzdem eine Maus erlegt. Ich bin daraufgetreten. Aus Versehen. Sie war sofort tot.

Dann entdeckte ich etwas Neues, das zu jagen sehr lustig ist: braune Hüpfer mit langen Ohren. Die schlagen komische Haken wenn sie abhauen und es ist eine echte Herausforderung sie zu verfolgen. Einige meiner Freunde waren schon längst ausgesprochene Jagdexperten, bis mir endlich klar wurde, dass es zur Aufgabe des Hundes gehört, diesen Hüpfern nachzustellen. Aika zum Beispiel.

Eines schönen Tages war ich mit Herrchen unterwegs. Plötzlich entdeckte ich meine schwarze Freundin, wie sie quer übers Feld auf uns zugerannt kam. Ihr Frauchen stand derweilen fuchtelnd und brüllend am Feldrand, aber Aika scherte sich nicht drum. Ich freute mich auf ein schönes Laufspielchen, und legte mich lauernd auf den Bauch, um überraschend losstürmen zu können, sobald sie uns erreicht hatte.

"Oje, Aika jagt einen Hasen!", sagte Herrchen, aber ich hörte ihm wie gewöhnlich nicht zu. Schließlich musste ich mich aufs Spiel konzentrieren. Aika kam näher, und näher, und näher, hatte uns fast erreicht, und – rannte dicht neben uns vorbei, weiter ins nächste Feld.

"Hier bin ich!", rief ich, überrascht wie ich war und nahm sofort die Verfolgung auf. Einfach an mir vorbeilaufen, wo gibt es denn so etwas? Aika lief und lief und lief. Ich verstand überhaupt nicht, was das bedeuten sollte. Es dauerte nicht lange, da hatte ich sie erreicht.

"Jetzt hilf endlich", forderte sie mich auf, *"was glaubst du, warum ich ihn in deine Richtung gejagt habe?"*

"Hä? Wie?" Ich bremste ab und überlegte. *"Wobei sollte ich helfen?"*

Ich verstand überhaupt nicht, was Aika von mir wollte und warum sie noch immer wie eine Verrückte rannte. Unschlüssig, was ich tun sollte, trollte ich mich zurück zu Herrchen, der sich mittlerweile mit Aikas Frauchen unterhielt.

"... der Hase lief zwei Meter neben uns vorbei, und Kira hat ihn nicht gesehen. Dabei hat Aika ihn direkt auf uns zugetrieben", erzählte Herrchen gerade. Ich war bloß traurig, dass Aika heute nicht mit mir spielen wollte.

"Wenn die einen Hasen sieht, ist sie weg", beschwerte sich Aikas Frauchen.

Nach geraumer Zeit kam auch Aika angetrottet. Abgehetzt, erschöpft und stinksauer.

"Du bist eine große Hilfe, wirklich", motzte sie mich an. *"Zu zweit hätten wir ihn erwischt, den Hasen. Spielverderber!"*

Ich verstand überhaupt nichts mehr. Warum war Aika böse auf mich? Warum lachte Herrchen mich aus und spottete, dass ich blind sei wie ein Maulwurf? Warum lobte mich Aikas Frauchen dafür, dass ich keine Hasen jagen würde? Und was bitte waren Hasen?

30 Lernen macht Spaß

Wieder einmal war Frauchen unzufrieden.
"Heute ist Kira einem Hasen soweit hinterhergejagt, dass ich sie ganz aus den Augen verloren hatte!", petzte sie eines Abends, als sie Herrchen von unseren Erlebnissen des Tages erzählte.
"Ich hatte wirklich Angst, dass sie auf die Straße rennt."
Natürlich vergaß Frauchen zu erwähnen, dass ich gutgelaunt zu ihr zurückgelaufen war, nachdem ich den Hasen verscheucht hatte.
"Ich habe zwar gerufen, aber sie hört überhaupt nicht mehr!"
"Das ist mir auch aufgefallen", bekräftigte Herrchen, "manchmal glaube ich, sie kriegt gar nicht mit, was man sagt."
Auch das stimmte so natürlich nicht. Ich *hörte* sehr wohl, wenn meine Menschen etwas von mir wollten, ich *tat* es bloß nicht. "Wenn ich nur wüsste, was mit Kira los ist", überlegte Frauchen, "bislang klappte die Grunderziehung doch ganz gut."

Habe ich euch schon erzählt, dass es Übungsplätze für Hunde gibt? Viele meiner Freunde waren auf einer solchen Hundeschule, als sie klein waren. Bobby lernte dort, schön an der Leine zu gehen, ganz ohne Blödsinn zu machen. Meine Menschen waren manchmal schon ein wenig neidisch, wenn sie sahen, wie brav Bobby sein konnte und wie gut er hörte. Aika lernte übrigens nichts in der Hundeschule. Sie interessierte sich hinterher noch immer kaum für das, was ihr Frauchen sagte. Ich weiß, dass meine Menschen lange überlegt hatten, mit mir eine Hundeschule zu besuchen. Wenn man dort einen guten Ausbilder hat, kann man angeblich sehr viel lernen. Ob es Spaß macht, weiß ich nicht. Meine Freunde waren darüber unterschiedlicher Meinung. Aika fand es lustig auf dem Übungsplatz, Bobby beklagte sich, dass sein Lehrer sehr streng war, und Bonny wollte nicht mehr hin, nachdem sie bei einer üblen Beißerei zugesehen hatte. Ich selbst habe so einen Übungsplatz nur von außen gesehen. Meine Menschen und ich standen am Zaun und beobachteten einen Schäferhund, wie er lernte, "Fuß" zu gehen.
"Das kann ich aber auch!", meinte ich stolz, und ich klebte an Frauchens Bein, als wir weiterspazierten.
Meine Menschen entschieden, die Sache mit der Hundeschule bleiben zu lassen, und mich selbst auszubilden. Ich vermute aber, dass die beiden einfach keine Lust hatten, einmal in der Woche mit mir zu einem Übungsplatz zu fahren.

"Üben muss man ohnehin regelmäßig", sagte Frauchen, "da reicht eine Stunde pro Woche in der Hundeschule nicht."

Wobei Frauchen später ihre Meinung noch einmal überdachte.

"Es war großes Glück, dass wir anfangs unsere eigene Welpenspielstunden hatten", erklärte sie. "Es ist ungemein wichtig, dass die Kleinen Kontakt zu anderen Welpen haben. Da hätte so einiges schief gehen können."

Ich persönlich fand unsere Welpentreffen ohnehin prima. Sie brachten auf jeden Fall eine Menge Spaß. Was die Ausbildung in der Hundeschule betraf, da war Frauchen unschlüssig.

"Manches wäre sicher einfacher gewesen, wenn mir jemand von Anfang an erklärt hätte, wie ich mit dem Hund üben soll", sagte sie, "aber ich hätte ja nicht einmal zwischen guter und schlechter Ausbildung unterscheiden können."

So machte Frauchen eben ihre Fehler ohne fremde Hilfe, – mit mir als Versuchshund. Sie hatte sich mit der Zeit durch viele Hundebücher schlau gemacht hatte, wusste auch genau, wie wir üben sollten. Zumindest theoretisch.

"Ich muss ihr nur richtig klar machen, was sie tun soll", sagte Frauchen. Weil das manchmal ganz schön schwierig ist, schafft es längst nicht jeder Hundehalter. Viele nicht einmal mit Hilfe der Hundeschule. Ihr Menschen drückt euch nämlich oft arg missverständlich aus. Erinnert ihr euch, wie ich "Fuß" lernen sollte, und erst dachte, Fußlaufen bedeutet, ganz langsam daher zu trotten? Mein Fehler war es jedenfalls nicht.

Ich habe gehört, dass es Menschen gibt, die böse werden, wenn ihr Hund etwas falsch macht. Manche Menschen schimpfen dann mit dem Hund und ganz gemeine Zeitgenossen verprügeln ihn sogar! Das ist doch schrecklich, oder? Dabei darf man mit einem Hund gar nicht schimpfen, wenn er eine Übung noch gar nicht kapiert hat. Kein Hund wird eine Aufgabe durch Tadel schneller begreifen. Nicht einmal Menschen tun das. Stellt euch vor, ihr wollt etwas Neues lernen, sagen wir einmal Tennisspielen oder etwas ähnlich Albernes, mit dem Menschen ihre Zeit vertreiben. Ihr engagiert einen Lehrer, der euch nun beibringen soll, formvollendet mit dem Schläger den Ball zu treffen. Der Lehrer zeigt euch, wie es funktioniert. Dann seid ihr an der Reihe. Weil ihr noch nicht verstanden habt, was ihr mit dem Schläger anfangen sollt, trefft ihr den Ball nicht. Zur Strafe brüllt der Lehrer euch an. Ihr wisst zwar immer noch nicht, was ihr falsch gemacht habt, aber ihr versucht wieder, den Ball zu treffen. Natürlich geht der Schlag daneben. Der Lehrer ist sauer und gibt euch eine Ohrfeige. Glaubt ihr wirklich, dass ihr auf diese Weise jemals das Tennisspielen lernen werdet? Seht ihr, uns Hunden geht es genauso. Wir lernen gerne, aber nur dann, wenn unsere Menschen es schaffen, uns mit Freude zu vermitteln, was wir eigentlich tun sollen.

Glücklicherweise merkte Frauchen meistens, wenn *sie* einen Fehler gemacht hatte und gab nicht mir die Schuld. Blöd war es trotzdem. Denn dann mussten wir von vorne anfangen und manche Dinge, von denen ich glaubte, ich machte sie richtig, grundlegend überdenken. Das zu begreifen ist wirklich furchtbar schwer.
Immerhin zeigte mir Frauchen die Übungen solange, bis ich sie begriffen hatte. Ich glaube, das machte ihr Spaß und sie war sehr geduldig. Meistens jedenfalls. Wenn Frauchen fröhlich und gutgelaunt mit mir übte, war auch ich vergnügt bei der Sache.

Meine Menschen waren überglücklich über jeden Fortschritt den wir machten. Mittlerweile konnte ich auf Kommando sitzen, liegen und wieder aufstehen. Ich schaffte es, an einer Stelle zu warten, aber nicht zu lange, denn ich hasste es stillzusitzen. Ich konnte ganz passabel "Fuß" gehen, am besten allerdings ohne Leine. Dies und noch viel mehr hatte ich mit Frauchen geübt und begriffen. Ich befolgte die Kommandos meiner Menschen gewissenhaft, – aber nur, wenn ich Lust dazu hatte.
Zu Frauchens Entsetzen hatte ich in letzter Zeit immer seltener Lust.
"Sie kommt nicht, wenn ich rufe. Sage ich "sitz", dann guckt sie sich um, als ob sie einen Grund fürs Sitzen suchen würde."
Und so weiter, und so fort. Wir waren an einem Punkt angelangt, wo nach Frauchens Ansicht überhaupt nichts mehr funktionierte.
Das mit dem Sitzen stimmte übrigens.

Bislang musste ich mich meistens dann hinsetzen, wenn uns ein anderer Hund entgegenkam, oder ein Radfahrer, oder weil Frauchen irgendetwas Interessantes gesehen hatte und mich vom Fortrennen abhalten wollte.
Ich wusste also: "Sitz" bedeutet, dass gleich etwas Außergewöhnliches geschehen würde. Mit einem Mal sollte das nicht mehr gelten?
Ich verstand nicht, worüber Frauchen sich so aufregte. Bislang hatte es doch auch niemanden gestört, wenn ich auf "hier" nicht sofort reagierte.
Kam ich, wurde ich gelobt, kam ich nicht, war es auch nicht schlimm.
Oft riefen die Menschen solange "hier" bis ich kam. Sonst passierte nichts.

Ich lernte, dass ich beim ersten "hier" noch nicht reagieren musste, und ich lernte, dass meine Menschen keine Handhabe hatten, um ihr Kommando durchzusetzen. Wenn ich trotz allem zurückkam, dann nur, weil ich gerade nichts Besseres vorhatte. Versetzt euch doch einmal in die Lage des Hundes: Ihr balgt gerade lustig mit euren Freunden, oder grabt einer Maus hinterher oder macht etwas anderes Abenteuerliches, wie zum Beispiel Hasenjagen. Dann werdet ihr gerufen, – und wozu? Doch nur, um dem Vergnügen ein Ende zu setzen. Ihr müsst brav weitertrotten, möglichst noch an der Leine! Versteht ihr? Würdet ihr etwas, das Spaß macht bleiben lassen, um etwas zu tun, das euch langweilt? Ich jedenfalls nicht! Warum auch? Ich war gewohnt, dass ich nicht immer aufs Wort gehorchen musste. Meine Menschen hatte es früher schließlich auch nie gestört, wenn ich ihre Kommandos überhörte. Das dachte ich jedenfalls. Gelegentlich folgen reicht, entschied ich, und ich war der Meinung, Herrchen und Frauchen teilten diese Ansicht. Es stellte sich als Irrtum heraus.

Meine Menschen waren plötzlich der Meinung, ich müsse ihre Kommandos nun *immer* befolgen. Ohne Ausnahme. Einfach so. Schließlich sei ich kein Welpe mehr! Ich war verunsichert. Das hatte ich noch nie gemacht! Das hatte ich doch gar nicht gelernt!
"Ich glaube, wir sind nicht konsequent genug", überlegte Frauchen und sah mich nachdenklich an.
"Ein Kommando *muss* ausgeführt werden, hörst du, Kira?"
Weil mich Frauchens Gerede langweilte, gähnte ich herzhaft. Es nützte aber nichts. Ich bekam die Ergebnisse ihrer Überlegungen prompt zu spüren: Wir übten wieder regelmäßig. In der Wohnung, im Garten und während der Spaziergänge. Wir wiederholten die Kommandos, die ich schon längst kannte: "sitz", "platz", "hier" und "Fuß", allerdings so, dass ich nun wenig Chancen hatte, mich vor der Ausführung zu drücken. Inzwischen war Frauchen aufgefallen, dass sie vergessen hatte, mir beizubringen, wie lange so ein Kommando eigentlich galt. Bei "Fuß" wurde ich durch "jetzt lauf" entlassen, schön und gut, – bei "sitz" stand ich auf, wenn ich dazu Lust hatte. Also sehr schnell. Frauchen wollte das ändern.
"Kira, sitz!", forderte sie eines Tages während des Spaziergangs. Wohlerzogen setzte ich mich sofort. Frauchen versuchte, sich von mir zu entfernen. Ich lief ihr sofort hinterher.
"Frauchen, du hast mich vergessen", belehrte ich sie und guckte vorwurfsvoll.

"Nein Kira, wir lernen etwas Neues", erklärte Frauchen freundlich und führte mich zu der Stelle zurück, an der ich gerade noch gesessen hatte. "Kira, sitz!"
Dann entfernte sich Frauchen rückwärts nur einen Schritt von mir.
"Kira, sitz! – Bleib!", sagte sie und unterstützte ihre Worte mit unserem Handzeichen für das Sitzkommando, ihr erinnert euch, der nach oben gestreckte Finger. Ich blieb sitzen. Frauchen trat wieder auf mich zu, lobte mich und gab mir einen Keks. Fortan entfernte sich Frauchen jedes Mal, wenn wir "Sitzundbleib" übten, ein Stückchen weiter von mir, und schon nach kurzer Zeit hatte ich begriffen, dass Frauchen keineswegs vorhatte, mich einfach zurückzulassen. Sie wollte bloß, dass ich an einer Stelle wartete, bis sie mich zu sich rief oder selbst zurückkam. Anschließend folgten Lob und Belohnung. Dann versuchte Frauchen, mir auf die Entfernung hin Kommandos zu erteilen.

Wenn ich saß, forderte sie, dass ich mich hinlegte, oder, und das fand ich sehr schwierig, sie gab das Sitzkommando aus der Ferne. Ich lief ein Stück weit vor ihr. Sie rief meinen Namen, um meine Aufmerksamkeit zu erregen, und verlangte dann, dass ich mich setzte. Zunächst dachte ich, ich müsse erst zu Frauchen laufen, und mich vor sie setzen, um gleich eine Belohnung zu bekommen. Erst als Frauchen dazu überging, zunächst "bleib", und im nächsten Atemzug "sitz" zu rufen, verstand ich, dass ich mich an Ort und Stelle hinzusetzen hatte. Meine Belohnung bekam ich übrigens trotzdem. Ich musste eben solange warten, bis Frauchen bei mir angekommen war.

"Ab jetzt keine Kommandos mehr geben, die wir nicht durchsetzen können", wurde auch Herrchen angewiesen. "Ich rufe sie nur noch, wenn ich sicher bin, dass sie auch kommt. Wenn sie ohnehin auf mich zuläuft, dann bekräftige ich mit "hier", damit sie ihre Handlung mit dem Wort verknüpft."

Aber Frauchen tat noch mehr: Sie zeigte soviel Begeisterung, wenn ich zu ihr gelaufen kam, dass auch ich mich darüber freute. Sie feuerte mich mit "Kira, hier!" an, hüpfte, klatschte in die Hände und belohnte mich durch ein Leckerli oder ein kleines Spielchen. Mit einem Mal merkte ich, dass es mir Vergnügen machte, zu Frauchen zu laufen. Das Kommando "hier", bedeutete nämlich nicht länger, dass ich von etwas Schönem abgerufen wurde, sondern es verhieß Spiel und Spaß!
"Das läuft wunderbar", freute sie sich, wenn sie nun Herrchen abends von unseren Erfolgserlebnissen berichtete. Meine Menschen waren

wieder zufrieden. Sie hatten kapiert, wie wichtig es ist, mich beim Üben richtig anzuspornen. Ich wiederum hatte begriffen, dass Lernen wirklich sehr viel Freude machen kann.

Dennoch, ganz ausgelastet fühlte ich mich trotzdem nicht. Das fiel eines Tages auch dem Frauchen auf.

31 Was bitte ist ein Dummy?

"Ich weiß nicht, was ich tun soll", jammerte Frauchen wie so oft.

"Kira und ich waren heute fast drei Stunden draußen. Wir sind eine halbe Stunde gejoggt, haben zwei Hunde getroffen, Ball gespielt und nebenbei noch geübt. Trotzdem kriege ich sie nicht müde!"

"Den Eindruck habe ich auch", sagte Herrchen und strich mir über den Rücken. "Sie trägt mir schon seit zehn Minuten ihren Stoffknochen hinterher."

"Freut mich, dass du es gemerkt hast", meinte ich schwanzwedelnd, *"lass uns endlich spielen!"* Um meiner Aufforderung Nachdruck zu verleihen, hüpfte ich an Herrchen hoch.

"Du siehst, was ich meine", mischte sich Frauchen ein, "das geht schon den ganzen Tag so."

"Kira, ich will nicht spielen!", versuchte Herrchen sich herauszureden, "ich bin müde!"

"Kaum sind wir vom Gassi zurück, schleppt sie Spielzeug an", erzählte Frauchen weiter. Ich lief derweilen zu meinem Korb und holte einen Ball.

"Ich will auch nicht Ball spielen", sagte Herrchen und ließ sich in den Sessel fallen. Also trug ich meinen Ball zu Frauchen.

"Wir *haben* heute schon Ball gespielt!", erinnerte sie mich, "ich habe jetzt keine Lust mehr!"

"Willst du vielleicht einen Kauknochen?", fragte Herrchen. Obwohl ich ganz genau wusste, dass es ein Trick war, um nicht mit mir spielen zu müssen, ging ich großzügig auf sein Angebot ein und verzog mich mit meiner Beute unter den Couchtisch.

"Wenigstens gibt sie jetzt Ruhe", seufzte Frauchen erleichtert.

"Eine Lösung ist das aber nicht", fand Herrchen.

"Kira braucht anscheinend noch mehr Beschäftigung", überlegte Frauchen.

"Wir können ja noch viel länger Gassi gehen", brummelte ich unter dem Tisch hervor, *"oder mehr spielen."*

Frauchen schaute mich nachdenklich an. Ob sie mich verstanden hatte, weiß ich aber nicht, aber am nächsten Morgen unterbrachen wir unseren Spaziergang, um besonders ausgiebig Ballwerfen zu spielen. Frauchen warf den Ball, ich rannte hinterher und trug ihn zurück. Manchmal. Wenn ich keine Lust hatte, den Ball zurückzutragen, forderte ich Frauchen auf, mich zu fangen. Ihr wisst schon, das alte Räuberspiel. Anscheinend wollte Frauchen nicht hinter mir herjagen. Stattdessen rief sie "Kira, bring!", um mich daran zu erinnern, dass ich den Ball doch bitte wieder bei ihr abzuliefern hatte.

Dieses Spiel kannte ich ja schon lange. So ausdauernd wie an jenem Morgen hatten wir es allerdings noch nie gespielt. Ich war begeistert! Fortan spielten wir oft Ballwerfen. Natürlich war Frauchen damit noch lange nicht zufrieden.
"Ist doch langweilig, wenn du gleich losrennst", fand sie und irgendwie stimmte das auch. Also beschloss Frauchen, mir einige Spielregeln beizubringen.

"Du sollst sitzen bleiben, bis ich den Ball geworfen habe", erklärte Frauchen die erste neue Regel. "Das üben wir jetzt."
Abwarten, während ein Ball fliegt? Unmöglich! Frauchen sah rasch ein, dass ein einfaches "Sitz" mich nicht davon abhalten konnte, meinem Ball hinterher zu fetzen. Warum auch?
"Wie mache ich dir das klar?", überlegte Frauchen, während ich um sie herumhopste.
"Jetzt wirf endlich!"
"Kira, sitz!"
"Na gut."
Frauchen hockte sich neben mich und griff nach meinem Halsband. Was sollte das denn? Dann rollte sie den Ball ganz behutsam ein Stück von uns weg. Ich wollte natürlich sofort los, konnte aber nicht, weil Frauchen mich festhielt.
"Nein. Sitz!", erklärte Frauchen.
"Blödes Spiel!"
"Bring", erlaubte sie im nächsten Moment und ließ mich los. Ich also nichts wie hin zum Ball und zurück damit zu Frauchen. Dieses Spiel wiederholten wir noch oft. Bald musste Frauchen mich nicht mehr festhalten, um den Ball fortzurollen. Schließlich blieb ich sogar sitzen, wenn sie ihn warf. Frauchen war sehr stolz auf mich.
"Bist ein feiner Hund."
Gut, ich gebe zu, dass ich natürlich nicht immer sitzen blieb, wenn Frauchen warf.

"Wir arbeiten dran", sagte sie und stellte sich beim Werfen einen Schritt vor mich, um mich einzufangen, wenn ich ohne Erlaubnis vorpreschte. "Sie darf nur keinen Erfolg haben", meinte Frauchen, "dann kriegen wir das hin."
Sitzenbleiben und zugucken, wie Frauchen warf, eröffnete allerdings ganz neue Perspektiven beim Ballspielen.
"Pass auf", sagte Frauchen, bevor sie warf. Ich musste mir nun ganz genau merken, wohin der Ball flog, damit ich hinterher zur richtigen Stelle laufen konnte. Das war wirklich spannend, vor allem dann, wenn ich in hohem Gras suchen durfte.
Besonders aufregend fand ich, wenn Frauchen den Ball versteckte. Ich musste mich hinsetzten und warten, bis Frauchen ihn irgendwo hingetragen hatte und wieder bei mir angekommen war.
"Kira, such" Ich lief dann sofort los und suchte, die Nase eng am Boden. Schließlich musste ich nur Frauchens Spuren verfolgen. Meinen Ball fand ich immer und dann trug ich ihn zurück zu Frauchen, damit sie ihn erneut verstecken konnte.

Mein Frauchen! Manchmal war sie wirklich schusselig. Stopfte sich die Jackentaschen mit Bällen voll und stand dann irgendwann völlig ratlos auf dem Weg. Sie machte ein trauriges Gesicht und sagte, "Kira, verloren! Ich habe die Bälle verloren!"
Dann zeigte sie in die Richtung, aus der wir gekommen waren.
"Kira, such!"
Für diese Arbeit war ich genau die Richtige und ich machte mich sofort ans Werk. Ich fand den ersten Ball und brachte ihn zu Frauchen. Die freute sich riesig, schickte mich aber gleich wieder zurück, um den nächsten Ball zu suchen, solange, bis ich alles zusammengetragen hatte, was Frauchen unterwegs verloren hatte. Hinterher war Frauchen überglücklich und froh, einen so klugen Hund bei sich zu haben! Ich habe sie übrigens für den Rest des Spaziergangs nicht mehr aus den Augen gelassen, sicherheitshalber, falls sie wieder etwas verlieren sollte.

An diesem Tag war ich sehr stolz, etwas richtig Sinnvolles getan zu haben. Seitdem neigt Frauchen allerdings dazu, regelmäßig Sachen zu verlieren, meine Bälle, unsere Leine oder auch ihre Handschuhe. Wahrscheinlich meint sie, dass ich ja ohnehin alles Verlorene wiederfinde und sie selbst nun nicht mehr aufzupassen braucht.
"Ich glaube, es tut ihr gut, eine Beschäftigung zu haben", meinte Frauchen eines Abends zu Herrchen. "Suchen klappt am besten. Beim Apportieren haben wir noch Probleme."

"Ich weiß", bestätigte Herrchen, der am Wochenende auch Ballwerfen mit mir gespielt hatte, "sie bringt den Ball nur, wenn sie Lust dazu hat. Außerdem lässt sie sich zu leicht ablenken."

Menschen haben eben immer etwas zu meckern. Ich zumindest hatte kein Problem mit meinem Ball. Es machte Spaß, ihn zurückzutragen, aber es machte genauso viel Spaß, damit abzuhauen und über die Felder zu fetzen. Besonders lustig aber war es, meinen Ball durch Pfützen zu kullern. Einmal entdeckten wir unterwegs eine besonders große Pfütze, bestimmt so groß wie unsere Terrasse, und richtig tief. Dort hinein trug ich meinen Ball. Ich wusste ja nicht, dass er nicht schwimmen konnte, und so war ich sehr überrascht, als er im schmutzig braunen Pfützenwasser versank. Weil ich ihn nicht mehr sehen konnte, steckte ich die Nase ins Wasser, um zu suchen. Ich stellte fest, dass ich unter Wasser nicht schnüffeln konnte und war ratlos. Frauchen stand am Rand der Pfütze und sah mir zu.

"Kira, such", ermunterte sie mich und ich probierte erneut, die Nase unter Wasser, meinen Ball aufzuspüren. Vergeblich.

Frauchen schnaufte resigniert. "Und nun?", fragte sie mich, "was machen wir jetzt? Ich habe keine Ahnung, wo der Ball ist. Das Wasser ist zu dreckig, um etwas zu sehen."

Weil ich keine Möglichkeit hatte, in der Pfütze irgendetwas zu finden, suchte ich am Ufer weiter.

"Du bist wirklich eine große Hilfe", lobte mich Frauchen. Dann krempelte sie Ärmel und Hosenbeine hoch und stapfte samt Schuhen ins Wasser.

"Iiiik, ist das eisig!", jammerte sie. Kein Wunder, schließlich hatten wir damals noch Winter. Dann tastete sie mit den Händen Stück für Stück den Pfützengrund ab, während ich die umliegenden Felder durchstöberte.

"Hoffentlich sieht mich niemand", murmelte Frauchen und rührte weiter im Wasser umher.

"Ich habe ihn!", rief sie endlich und fischte meinen Ball heraus. Ich war erleichtert! Nicht auszudenken, wenn wir meinen Lieblingsball verschlampt hätten! Manchmal war sogar Frauchen zu etwas nütze, auch wenn sie sich dafür erst nasse Füße holen musste. Seit diesem Erlebnis haben wir übrigens nur noch Bälle, die schwimmen können!

"Sie nimmt die ganze Sache einfach nicht ernst", stellte Frauchen später fest. "Ob es daran liegt, dass ihr Ball ein altbekanntes Spielzeug ist? Immerhin durfte sie bisher damit machen, was sie wollte."

Herrchen wusste auch keinen Rat. "Hauptsache, es macht ihr Spaß", befand er. Ich brummte zustimmend und wedelte mit dem Schwanz. Bloß Frauchen war noch nicht zufrieden.

Am nächsten Tag fuhren wir in den Hundefutterladen. Aber anstatt Kringel und Leckerli zu besorgen, erbeutete Frauchen dieses merkwürdige Ding: eine längliche Stoffwurst. Etwas Ähnliches hatte ich schon einmal gesehen und ich dachte angestrengt nach, wo das wohl gewesen sein mag. Plötzlich fiel es mir ein: Hatte nicht erst kürzlich Bille eine ganz ähnliche Stoffrolle dabei gehabt? Hatte ich mir diese Stoffrolle nicht von ihrem Frauchen erbettelt und war damit ins Feld abgehauen?
"Kira, schau. Das ist ein Dummy!", erklärte Frauchen später mit wichtiger Miene und hielt mir die Stoffwurst unter die Nase.
"Zeig mal her", forderte ich und schnappte nach dem Ding.
"Halt, langsam", ermahnte mich Frauchen, "das ist *mein* Dummy!"
"Ist mir egal. Gib her!" Ich sprang an Frauchen hoch.
"So nicht!", protestierte Frauchen, "Kira, sitz!"
Weil ich die Stoffwurst unbedingt haben wollte, setzte ich mich.
"So ist es brav", lobte Frauchen und gab mir endlich dieses komische Dummy. Ich lief ein paar Schritte und beutelte es erst einmal vorsorglich. Ja, es fühlte sich gut an.
"Kira, damit üben wir apportieren!", erklärte Frauchen bedeutungsvoll.
Ich staunte nicht schlecht, als Frauchen später nicht den Ball, sondern dieses Dummy in die Gegend schleuderte.
"Kira, bring!", rief sie, aber ich war schon längst unterwegs um das Ding zu holen.
"Eigentlich solltest du mir das Dummy nicht vor die Füße werfen", meinte Frauchen, "du solltest es festhalten, bis ich aus sage."
"Aber wenn ich ihn festhalte, kann ich meinen Belohnungskeks nicht fressen", erklärte ich schwanzwedelnd.
Ob Frauchen mich verstanden hatte, weiß ich nicht, aber von nun an gab es für Dummyzurückbringen keinen Belohnungskeks mehr. Ich warf ihr das Dummy aber weiterhin vor die Füße.
"Auch das werden wir noch hinkriegen", meinte Frauchen, optimistisch wie immer. Eines habe ich allerdings nie wirklich verstanden: Warum zum gehörnten Hund mussten wir unbedingt dieses Dummy apportieren? Frauchen machte einen Riesenwirbel um dieses Ding, ganz so, als ob es keinen Ball mehr gäbe. Dabei liebte ich meine Bälle über alles! Was war dagegen schon ein Dummy! Ich hoffte insgeheim, dass Frauchen irgendwann die Lust am Dummy verlieren würde und ich wieder meine Bälle apportieren durfte, so wie wir es fleißig geübt hatten.

32 Frühlingserwachen

Es wurde Frühling. Die Luft war wieder wärmer, die Bäume bekamen Blätter und überall wuchsen frische Gräser und neue Blumen, – außer in Frauchens Steingarten. Die schaute ganz neidisch in fremde Gärten und wunderte sich.

"Dabei habe ich im Herbst so viele Zwiebeln gesteckt. Irgendetwas muss da doch wachsen!"

Herrchen grinste und machte Frauchen auf die vielen schönen Blüten aufmerksam, die wir unterwegs sahen.

"Schau, so sehen Krokusse aus, und da hinten, sind das nicht Schneeglöckchen?"

"Habe ich auch alles!", behauptete Frauchen und suchte jeden Tag heimlich im Steingarten nach den ersten Anzeichen üppiger Blütenpracht.

Manchmal sah sie mich nachdenklich an.

"Nein", erklärte ich entrüstet, *"ich habe die Zwiebeln nicht ausgegraben!"*

Der Frühling war die Jahreszeit, in der ich nicht mehr auf die Felder durfte, wenn wir spazieren gingen. Dort sprossen nun grasähnliche Pflanzen, die gar nicht einmal schlecht schmeckten.

"Kira, auf den Weg!", riefen meine Menschen, wenn ich in den Acker hüpfte. Ich verstand das nicht. Im Winter durfte ich laufen, wo ich wollte, und da gab es nicht einmal frisches Gras, das man abzupfen konnte!

"Du sollst kein Getreide fressen. Und komm endlich auf den Weg!"

Möglich, dass meine Menschen ihre Gründe hatten, mich nicht mehr ins Feld zu lassen. Aber wahrscheinlich machten sie sich nur wichtig.

"Ein Hund deiner Größe richtet schon einen gewissen Flurschaden an, wenn er durchs Getreide tobt", erklärte Frauchen, "das muss nicht sein."

Es war also verboten, durch das sprießende Getreide zu laufen, aber noch viel verbotener war es, die Halme zu verzehren. Warum, weiß ich nicht, denn Gras fressen durfte ich bislang ja auch. Die Menschen allerdings hatten plötzlich Bedenken deswegen, nicht nur meine, auch die meiner Hundefreunde.

"Es ist immer das gleiche in dieser Jahreszeit", erklärte mir Maxi, *"plötzlich spinnen sie und passen höllisch auf, was man frisst."*

Unsere Menschen sprachen darüber, dass die Felder gespritzt würden.

"Unsere war letztes Jahr zwei Wochen krank", sagte eine Frau, die immer mit einer älteren, netten Dackeldame unterwegs war.

Das also war der Frühling! Auf dem Weg bleiben und nichts fressen dürfen. Na danke.

Aber es gab auch Erfreuliches: Eines schönen Tages hüpfte Frauchen jubelnd durch den Garten.

"Schnell, schau", sagte sie zu Herrchen, "überall Krokusse!"

"Ich sehe nur drei", meinte der skeptisch, aber Frauchen war guter Dinge und hoffte, dass da noch mehr kommen würde. Sie behielt Recht. Als dann auch noch diese großen, gelben Blumen, Narzissen, blühten, begann bei uns allem Anschein nach die Gartensaison.

Ich liebe Gartenarbeit und Frauchen konnte wirklich jede Hilfe gebrauchen. Zuerst mähten wir den Rasen. Frauchen schob ein lautes Gerät über die Wiese. Anschließend sammelten wir das abgeschnittene Gras ein und verstreuten es an anderer Stelle im Garten. Frauchen benutzte dazu einen langen Stiel mit Spitzen unten dran und harkte das Gras zu großen Haufen zusammen. Anschließend trug sie es in den oberen Teil des Gartens und warf es unter die Büsche. Ich schleppte es zurück auf den Rasen. Frauchen harkte erneut zusammen und brachte das Gras nach oben. Ich holte es zurück auf die Wiese und verteilte auch ein wenig davon auf der Terrasse, weil ich es so viel hübscher fand. War der Rasen gestutzt und das Gras im Garten verteilt, mussten wir Unkraut zupfen. Das bedeutet, dass wir besonders aus dem Steingarten solche Pflanzen herausrissen, die uns dort nicht mehr gefielen. Gut, Frauchen und ich hatten diesbezüglich noch immer unsere Meinungsverschiedenheiten. Immerhin ließ sie sich davon überzeugen, dass dieses Blaugras wirklich nichts im Steingarten zu suchen hatte.

"Was soll's", sagte sie eines Abends zu Herrchen, "es bringt nichts, wenn ich's wieder einpflanze. Sie reißt es ja sowieso wieder aus."

Kluges Frauchen. Die Sache mit dieser kissenförmigen Pflanze mit den vielen kleinen Blüten dran war ein Versehen, ich schwöre es beim großen Hund. Aber hätte ich wissen sollen, dass Frauchen tatsächlich *wollte*, dass die Blume ganz am Rand zur Treppe in den oberen Gartenteil wuchs? Mich persönlich störte sie dort, denn ich trat wirklich jedes Mal drauf, wenn ich nach oben wollte.

"Kira, pass auf, wo du hintappst!", motzte Frauchen dauernd. "Auf den Weg!"

Natürlich gab ich mir Mühe, aber ihr Menschen wisst ja gar nicht, wie es ist, mit vier Pfoten zu laufen. Da schaut man, wohin man mit den vorderen tritt und achtet im Eifer des Gefechts nicht darauf, was die hinteren machen. Aber ich glaube, Frauchen meckerte schon aus Ge-

wohnheit, denn wirklich sauer war sie nie wegen meiner Gartenumge-
staltungsmaßnahmen.

"Der Garten muss eben hundetauglich sein", sagte sie. Herrchen teilte
diese Ansicht, bis auf eine kleine Ausnahme: Meine Buddellöcher
mochte er noch immer nicht.

An den Teich durfte ich mittlerweile auch. Meine Menschen sagten,
dort wäre ein in sich geschlossenes Biotop, aber ich persönlich hielt das
für Unfug. Die armen Fische hatten nicht einmal Spielzeug! Wie sollten
die sich denn wohlfühlen! Ich habe ihnen versprochen, dass sie einen
Ball von mir bekommen, doch leider hatte ich noch keine Gelegenheit,
ihn unbeobachtet ins Wasser zu werfen. Irgendwann aber wird es
klappen, die Fische müssen sich eben noch ein wenig gedulden.
Allerdings ließ ich es mir nicht nehmen, gelegentlich einen Schluck aus
dem Teich zu saufen. Lecker!

"Kira, du hast drinnen Wasser", hieß es zwar, aber mehr passierte nicht.
Meine Menschen hatten es sich abgewöhnt, sich über solch neben-
sächliche Dinge zu ärgern.

Weil es nun abends länger hell war, gingen wir oft alle drei zusammen
Gassi, wenn Herrchen vom Beutemachen zurück war. Im Winter hatten
Frauchen und ich unseren langen Spaziergang ja am späten Nachmittag
gemacht und Herrchen musste mit mir vor dem Schlafen noch mal zum
Pinkeln nach draußen. Ich fand es prima, dass wir nun wieder
gemeinsam loszogen, und ich hoffte, wieder regelmäßig meine Hundefreunde auf der alten Spielwiese zu treffen.

Daraus wurde nichts. Stellt euch vor, eines Tages war die Spielwiese
verschwunden! Ich dachte, ich sehe nicht recht! Umgeackert und mit
Getreide bepflanzt. Darüber war ich sehr traurig.

Wir Hunde trafen uns fortan beim Gassi, aber so ausgelassen wie zu
unserer Welpenzeit tobten wir nur noch selten. Bobby war unheimlich
cool geworden. Der brauchte mittlerweile einigen Ansporn, bevor er sich
dazu herabließ, so wie früher zu balgen. Aika, unsere schwarze Cocker-
dame hingegen bildete sich schwer was darauf ein, schon zweimal läufig
gewesen zu sein. Sie sagte, sie wäre doppelt so erwachsen wie ich. Und
dann knurrte sie mich an, um mich von der Richtigkeit ihrer Aussage
zu überzeugen. Ich ignorierte ihr Gehabe und wartete, bis der Anfall
von Größenwahn vorbei ist. Ein paar Minuten später spielten wir dann
wie früher. Snoopy sahen wir kaum noch. Bonny ist mittlerweile eine
liebe Freundin geworden, – seit ich kapiert habe, dass sie es nicht mag,

zur Begrüßung über den Haufen gerannt zu werden. Aber so benehmen sich ohnehin nur Welpen und diese Zeiten waren vorbei. Endgültig!

"He, die Kira hat heute Geburtstag", verkündete dann auch Herrchen eines Tages fröhlich. "Unsere Kleine wird ein Jahr alt!"
Geburtstag? Daran erinnerte ich mich. Frauchen hatte im Sommer Geburtstag gefeiert und vor kurzem war Papa dran gewesen. Da haben wir ihn besucht, er bekam Päckchen und gutes Essen.
Nun also hatte ich Geburtstag. Ob auch ich Päckchen kriegen würde? Ich bekam besonders gutes Futter, Hühnchen mit Reis und Gemüse. Anschließend schenkten mir meine Menschen einen richtigen Knochen, den ich sofort in den Garten trug und sachgerecht zerlegte.

Mein erster Geburtstag! Nun stand unumstritten fest, dass ich ein erwachsener Hund war! Es ist nämlich schon etwas anderes, wenn man sein Alter in Jahren angeben kann, anstatt in Wochen oder Monaten. Herrchen hatte auch Geburtstag, drei Tage später als ich. Der wurde aber nicht ein, sondern 34 Jahre alt. Ich staunte nicht schlecht, als ich das hörte. Vierunddreißig!! Wer hätte vermutet, dass Herrchen schon sooo alt ist! Ich jedenfalls nicht.

Einige Wochen nach meinem ersten Geburtstag jährte sich der Tag, an dem Herrchen und Frauchen mich zu sich geholt hatten.
Es war ein ereignisreiches Jahr gewesen und ich habe viel gelernt.

Das Zusammenleben im Menschen-Hunderudel, den Umgang mit Artgenossen, Spielregeln und Grundkommandos, die ich – rein theoretisch – sehr gut beherrschte. Bei der praktischen Durchführung hatten wir manchmal freilich unterschiedliche Ansichten. Frauchen sagte, ich wäre noch viel zu jung, um immer alles richtig zu machen. Ich aber denke, dass die Sache mit Frauchens hochgelobter Konsequenz nicht immer funktionierte. Jedenfalls nicht in Frauchens Sinne. Oft bestanden meine Menschen tatsächlich darauf, dass ich tat, was sie sagten, genauso oft aber nahmen sie es nicht so genau damit. Menschen sind schon komisch. Warum tun sie nicht einfach das, was sie sich vorgenommen haben? Wir Hunde sind da anders. Wenn ich die Möglichkeit sah, meinen Kopf durchzusetzen, tat ich es. Konsequent!
Dann bekam ich mein Sommerfell. Nein, in Wirklichkeit verlor ich meine dicken Winterhaare.
"Mir würde etwas fehlen, wenn ich nicht zweimal am Tag Hundehaare aus der Wohnung fegen dürfte", sagte Frauchen. Ihr seht also, wie zufrieden sie mit mir war!

"Überall Haare!", jammerte nun sogar Herrchen, den das ansonsten weniger störte. "Man darf sie gerade gar nicht anfassen!" Er starrte fassungslos auf das Fellbüschel, dass er nach dem Kraulen in den Fingern hielt. Blöderweise hatte sich Herrchen in den Kopf gesetzt, mich jetzt fast täglich zu kämmen. Was er damit bezweckte, weiß ich nicht, die Haare fielen schließlich ganz von alleine aus! "Heute gibt es übrigens Pizza nach Art des Hauses", kündigte Frauchen letztens an, "du weißt schon, die mit den Hundehaaren drauf." So ist das eben, wenn man mit einem Hund zusammen wohnt. Schließlich lässt Herrchen seine Klamotten auch immer herumliegen. Aber das sind Kleinigkeiten, finde ich. Nichts, was dem Zusammenleben von Mensch und Hund abträglich ist.

Meine Menschen gewöhnten sich an Hundehaare an ihren Sachen, ich daran, dass Frauchen mit dem Staubsauger durch die Wohnung lärmt. Meine Menschen gewöhnten sich an herumliegendes Hundespielzeug, ich daran, dass ich es täglich neu verteilen muss, weil abends alles wieder in meinen Spielzeugkorb geräumt wird. Meine Menschen gewöhnten sich daran, bei Wind und Wetter mit mir Gassi zu gehen und ihren Tagesablauf meinen Bedürfnissen anzupassen. Ich lernte, sie morgens rechtzeitig zu wecken, besonders dann, wenn Herrchen Urlaub hat und ausschlafen möchte. Frauchen sagt, sie habe fast gar keine gute Kleidung mehr, nur noch Hundesachen, aber mich stört das eigentlich nicht.

Überhaupt sind meine Alten viel lockerer geworden und sehen viele Dinge nicht mehr so eng, wie am Anfang. Ich habe mir angewöhnt, mich neben meine Menschen zu stellen und fordernd zu brummen, wenn sie zwischen den Essenszeiten den Kühlschrank plündern. Meine Menschen haben sich vorgenommen, weniger zu naschen. Oder mir etwas abzugeben. Auf dem ehemals streng verbotenen Bett liegt mittlerweile eine Hundedecke und vor kurzem hat Herrchen mich sogar aufgefordert, zu ihm auf die Couch zu kommen, damit er mich bequemer kraulen konnte.

Das Zusammenleben von Mensch und Hund kann eben sehr einfach sein, wenn gewisse Spielregeln beachtet werden. Uns Hunden sei allerdings zugestanden, dass wir uns mit einigen der menschlichen Gepflogenheiten schwer tun. Da liegt es dann am Menschen, liebevoll und mit viel Geduld vorzugehen. Denn eines sei euch Menschen gesagt: Wenn sich euer Hund nicht zu benehmen weiß, dann seid in den allermeisten Fällen ihr selbst dran Schuld. Beklagt euch also nicht bei uns.

Eine Bemerkung zu guter Letzt...

Wer nach der Lektüre der vorangegangenen Seiten den Eindruck hat, diese Kira sei schon ein sehr merkwürdiger Hund, der hat völlig Recht. Manch einer wird sagen, mein Hund ist ganz anders. Natürlich, denn jeder Hund ist ein einzigartiges Individuum mit ganz persönlichen Stärken und Schwächen.

Unser erstes Jahr mit Hund hat sich tatsächlich so zugetragen, wie Kira es schildert. Ein Hund verändert das Leben in ungeahntem Ausmaß. Selbst bei noch so guter Vorbereitung merkt man erst dann, wenn der Welpe im Haus ist, was es wirklich bedeutet, mit einem Hund zusammenzuleben, – mit einer Persönlichkeit, die längst nicht so planmäßig funktioniert, wie es in den zuvor gelesenen Hunderatgebern geschrieben steht. Wir wußten damals wenig darüber, was einen guten Züchter ausmacht. Hunde zu vermehren, weil eine Rasse gerade in Mode ist, hat mit seriöser Zucht nichts zu tun. Die Kleinen optimal zu prägen und mit der Welt vertraut zu machen ist eine der wichtigen Aufgabe des Züchters. Viele Versäumnisse sind später nicht mehr wieder gutzumachen und so hatten wir immer mit Kiras mangelnder Prägung auf den Menschen zu kämpfen.Trotzdem, wir könnten uns keinen Hund vorstellen, der besser zu uns passt, das gilt für Kira im Besonderen und für den Golden Retriever im Allgemeinen.Der Golden Retriever, ein Apportierhund, eigentlich für die Jagd gezüchtet, aber hervorragend als Familienhund geeignet, mit freundlichem, sanftem Wesen, anhänglich und geduldig, leicht zu führen und stets bereit, mit seinem Menschen zusammen-zuarbeiten.

Dann lernten wir Kira kennen und es wurde alles ganz anders. Wir erkannten, dass hinter ihrer Freundlichkeit und Sanftheit ein hochsensibler Charakter steckt, der eine grob ausgesprochene Zurechtweisung durch stundenlanges Schmollen ahndet. Hinter ihrer Geduld verbirgt sich eine Sturheit, die ihresgleichen sucht. Unser Tagesablauf orientiert sich an den Bedürfnissen des Hundes. Mit regel-mäßigem Füttern und Vor-die-Tür-gehen ist es nicht getan. Lange Spaziergänge bei Wind und Wetter sind ebenso wichtig wie Spiel- und Übungszeiten oder Schmusestunden am Abend. Daneben braucht Hund eine Beschäftigung, die ihn artgemäß fordert. Kira liebt Apportier- und Suchaufgaben und dankt es durch größere Ausgeglichenheit.

Den pflegeleichten Hund gibt es nicht, auch der Golden Retriever ist keiner. Die Entscheidung, sich einen Hund zuzulegen, muss gut überlegt sein, denn man trägt für viele Jahre die Verantwortung für das Wohlergehen seines vierbeinigen Hausgenossen.

Ute Izykowski (Frauchen)